学生最想知道的未解之谜

迷雾笼罩的科学

MIWU LONGZHAO DE KEXUE

◆内容全面◆题材新颖◆创意无限◆

史春伟◎编

[illegible]师范大学出版社

图书在版编目（CIP）数据

迷雾笼罩的科学／史春伟编. —芜湖：安徽师范大学出版社，2011.10
（学生最想知道的未解之谜）
ISBN 978-7-81141-444-8

Ⅰ. ①迷… Ⅱ. ①史… Ⅲ. ①科学知识-青年读物 ②科学知识-少年读物 Ⅳ. ①Z228.2

中国版本图书馆 CIP 数据核字（2011）第 208623 号

迷雾笼罩的科学
史春伟　编

出 版 人：张传开
责任编辑：吴毛顺　童　睿
版式设计：北京盛文林文化中心

出版发行：安徽师范大学出版社
芜湖市九华南路 189 号安徽师范大学花津校区　　邮政编码：241002
发 行 部：（0553）3883578　5910327　5910310（传真）　E-mail：asdcbsfxb@126.com
经　　销：全国新华书店
印　　刷：北京燕旭开拓印务有限公司　　电话：（010）89581565
版　　次：2012 年 3 月第 1 版
印　　次：2012 年 6 月第 1 版第 1 次印刷
规　　格：700×1000　1/16
印　　张：9.5
字　　数：110 千
书　　号：ISBN 978-7-81141-444-8
定　　价：16.00 元

前 言

QIAN YAN

科学在人类摆脱蒙昧、走向文明的过程中扮演了至关重要的角色，一部科学技术的历史就是一部浓缩了的人类发展史。今天，科技更是被视为“第一生产力”，代表着一个国家、民族和时代的先进程度和发展方向，无数的科学家为此在科学的道路上漫漫求索着。然而科学探索又是永无止境的，人类在攻克了一道科学难关之后，往往发现眼前是更加广阔的未知世界。

在科学的领域里，有着太多未解的谜题，比如，宇宙是怎么起源的，黑洞是否存在，我们所在的空间到底是几维，宇宙将来会变成什么样子？还有，历史上5次物种大灭绝的真正原因是什么，金字塔拥有什么神秘的力量，植物到底是靠什么交流的，圆周率没有尽头吗，生命究竟是如何形成的，催眠术是魔术还是科学……太多太多的科学谜题考验着科学家的智慧，也同样像磁石般吸引着我们好奇的目光，并刺激着我们探究其真相的强烈兴趣。而对种种科学谜题进行解析和破译的过程，不仅使我们窥见科学世界的神秘与深奥，也有助于我们了解世界科学研究中的许多前沿课题；不仅能使我们获得知识上的收益，也可以得到精神上的愉快体验。

目前，人类的科技水平在神奇博大的自然和浩渺的宇宙面前，还显得很单薄。无奈有许许多多的问题、现象我们还不了解，更不用说掌控，所以我们只有探索、探索、再探索。

本书去粗取精，择取人们关注的科学未解之谜汇编而成，从宇宙、大自然、生物医学、数理化等多个方面诠释了科学领域的种种神秘现象，引导读者进入精彩玄妙的未知世界，使读者更加立体、更加真实地感受奇妙的科学世界。客观地说，经过多方面资料的填充和精心编撰，本书是一部以满足读者对科学世界的求知与探索为宗旨的，融知识性、趣味性于一体的科普性读物。

目　录
CONTENTS

宇宙难解之谜

大自然难解之谜

奇妙的数学之谜

神秘的物理之谜

化学知识之谜

玄妙的生物之谜

心理学之谜

宇宙难解之谜

YU ZHOU NAN JIE ZHI MI

宇宙起源之惑

宇宙是广漠空间和其中存在的各种天体以及弥漫物质的总称。宇宙是物质世界，它处于不断地运动和发展中。《淮南子·原道训》注："四方上下曰宇，古往今来曰宙，以喻天地。"即宇宙是天地万物的总称。千百年来，科学家们一直在探寻宇宙是什么时候、如何形成的。

这方面有许多神话传说，也有人提出了不少科学假说。

美国天文学家伽莫夫曾提出过一种新的观点，他认为宇宙曾有一段从密到稀、从热到冷、不断膨胀的过程。这个过程就好像是一次规模巨大的爆炸。简单地说，宇宙起源于一次大爆炸。大爆炸宇宙论是现代宇宙学中最著名、影响也最大的一种学说。

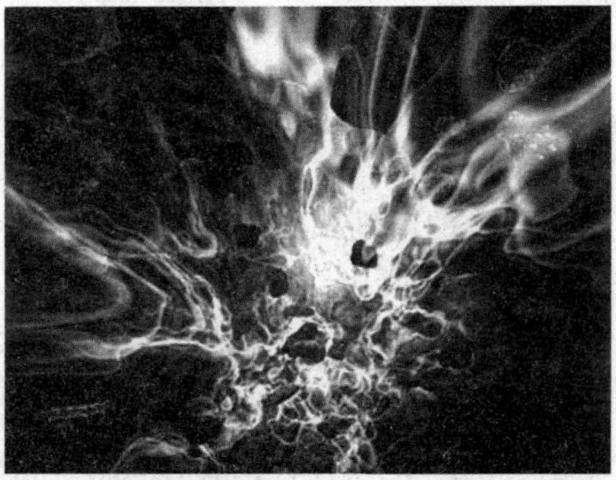

宇宙大爆炸想象图

大爆炸宇宙论把宇宙 200 亿年的演化过程分为 3 个阶段。第一个阶段是宇宙的极早期。那时爆发刚刚开始不久，宇宙处于一种极高温、高密的状态，温度高达 100 亿摄氏度以上。在这种条件下，不要说没有生命存在，就连地球、月亮、太阳以及所有天体也都不存在，甚至没有任何化学元素存在。宇宙间只有中子、质子、电子、光子和中微子等一些基本粒子形态的物质。宇宙处在这个阶段的时间特别短；短到以秒来计。

随着整个宇宙体系不断膨胀，温度很快下降。当温度降到10亿摄氏度左右时，宇宙就进入了第二个阶段，化学元素就是这个时候开始形成的。在这一阶段，温度进一步下降到100万摄氏度，这时，早期形成化学元素的过程就结束了。宇宙间的物质主要是质子、电子、光子和一些比较轻的原子核，光辐射依然很强，也依然没有星体存在。第二阶段经历了数千年。

当温度降到几千摄氏度时，进入第三个阶段。200亿年来的宇宙史以这个阶段的时间最长，至今我们仍生活在这一阶段中。由于温度的降低，辐射也逐步减弱。宇宙间充满了气态物质，这些气体逐渐凝聚成星云，再进一步形成各种各样的恒星系统，成为我们今天所看到的五彩缤纷的星空世界。

大爆炸理论刚提出的时候，并没有受到人们广泛的赏识。但是，在它诞生以后的70余年中，不断得到了大量天文观测事实的支持。

例如，人们观测到银河外天体有系统性的谱线红移，用多普勒效应来解释这种现象，红移就是宇宙膨胀的反映，这完全符合大爆炸理论。

根据大爆炸理论，今天的宇宙温度只有绝对温度。20世纪60年代的3K宇宙背景辐射的发现，有力地支持了这一论点。

有了这些观测事实的支持，终于使大爆炸理论在关于宇宙起源的众多学说中，获得了“明星”的桂冠。

然而，大爆炸宇宙论也还存在一些未解决的难题，还有待于深入研究和取得更多的观测资料，才能得到进一步的结论。

宇宙的形状之谜

长期以来，宇宙学研究领域一直存在着这样的争论：宇宙究竟是球形的、马鞍形的、还是平坦的？目前，国际主流宇宙学普遍认为宇宙是平坦的，是无限的。那么，围绕宇宙的争论从何而来？理据何在？

其中一种最为普遍的观点认为：我们的宇宙诞生于137亿年前一个很小很小的爆炸点，爆炸产生的宇宙一直在不断地膨胀，真到目前这种膨胀依然在进行，这就是著名的宇宙爆炸论。

宇宙爆炸论认为：在宇宙膨胀的初期阶段，温度由高转低，质子、中子、电子在此期间产生并形成各种元素。这些元素结合成微粒，微粒再构成团块，最后，这些大大小小的团块又形成了各式星系，恒星、行星莫不如此。

还有的观点认为，宇宙是球形的、有限无边的。这种观点在很长时间内都存在着，尽管不是国际宇宙学界的主流。但它的每一次提出，都会引起人们的关注，就是因为这一观点很奇特。一个最为明显的例子就是由美国数学家杰弗里·威克斯构建的宇宙模型：一个大小有限、形状如同足球的镜子迷宫。“形如足球”的模型令科学界震惊，因为这一学说认为，宇宙之所以令人产生无边无界的“错觉”，就是由于这个有限空间通过“返转”效应无限重复映现自身。威克斯认为，人类之所以感觉宇宙是无限的，是因为宇宙就如同一个镜子迷宫，光线传过来又会传过去，让人类产生错觉，误以为宇宙就在无限延伸。

尽管有关宇宙形状的争论颇多，但至今仍没有得出确切的结论。

首先，宇宙到底是不是“平坦空间”，即大范围内遵守欧氏几何的空间，至今还不清楚。目前，大部分宇宙学家认为已知宇宙除了大质量天体造成的局部时空褶皱，是基本平坦的，但局部还有水波一样不平坦的地方。最近威尔金森微波各向异性探测器观测宇宙微波背景辐射的结果也肯定了这一点。

其次，尚未清楚宇宙是否属于多重连接。根据宇宙大爆炸理论，宇宙是没有空间边界的，然而宇宙的空间大小却可能是有限的。我们可以通过二维概念类推一下：一个球面没有边界，但它的面积是有限的，即 $4\pi R^2$。因此，宇宙可能是一个在三维空间内有固定曲率的二维表面。

数学家黎曼曾发现了四维空间中一个与此类似的三维球形“表面”，其总体积为有限（$2\pi^2R^3$），但 3 个方向都朝第四个维度弯曲。除此之外，他还发现了一个“椭圆空间”和“圆柱形空间”，后者的圆柱形两头互相连接但没有弯曲圆柱本身——这一现象在普通的三维空间是不可想象的。类似的数学例子还很多。

假若宇宙真是有限但无边界的话，那么人沿着宇宙中一条任意方向的“直线”走下去，最终还会回到出发点，其路线长度可认为是宇宙的“直径”。但是，这个直径是现在人类对宇宙的认识所无法想象的，因为它一定要比我们所见的宇宙部分大得多。

哈勃望远镜曾拍摄到高清晰度的宇宙深场照片，显示姿态年龄各异的河外星系。照片上最小、颜色最红的属于人类看到的最古老的星系，在宇宙年龄约 8 亿年时就已存在。这说明宇宙有可能是具有多重连接的拓扑学结构。如果这些结构足够小的话，那么人类就如同在挂了多面镜子的房间里，可能在不同方向看到同一天体的多个影像，那么实际的天体数量也会比观测所见得少。从这个角度来说，星体和星系应称作“所观的影像”才合适。这个可能至今没有被彻底否定，但最近的宇宙微波背景辐射研究结果认为这是很不可能的。

总之，有关宇宙的形状目前还没有确切的结论，还有待科学家继续不断研究。

宇宙反物质之谜

众所周知，实际是由于物质构成的，而物质是由原子构成的，原子核位于原子的中心。原子核由质子和中子组成，带负电荷的电子围绕原子核旋转。原子核里的质子带正电荷，电子与质子所携带的电量相等，但一正一负。质子的质量是电子质量的1840倍，这让它们在质量上形成了强烈的不对称性。这引起了科学家的关注，因此一些科学家在20世纪初就认为二者相差悬殊，因而应存在另外一种电量相当而符号相反的粒子，如存在一个同质子质量相等但携带负电荷的粒子和另一个同电子质量相等但携带正电荷的粒子，而这就是“反物质”概念的最初观点。

1928年，英国青年物理学家狄拉克根据狭义相对论和量子力学原理，提出一个设想：在自然界中，存在着带负电的电子，同时还存在着一种与电子一样但能量与电荷都为正的正电子，这种电子可称为电子的“反粒子”。他认为，物质和反物质一旦相遇，就会互相吸引，并发生碰撞而“湮灭”，各自的质量也消失，并能释放出大量的能量，这些能量以伽马射线的形式出现。在我们周围的物质世界中，之所以没有天然的反物质存在，原因也就在于此。

狄拉克的这一设想在科学界产生了很大的震动，科学家们认为这种设想极有道理，因而他们极力寻找和制造反物质。

1932年，美国物理学家安德森研究了一种来自遥远太空的宇宙射线。在研究过程中，他意外地发现了一种粒子，这种粒子的质量和电量都与电子完全相同，惟一不同的是在磁场中弯曲时其方向与电子相反，也就是说它是正电子。这一发现论证了狄拉克的设想，并极大地激发了人们的研究热情。

1955年，美国的钱伯林和西格雷两位科学家利用高能质子同步加速器发现了反质子。1957年，西格雷等人又观察到了反中子。

1978年8月，欧洲的一些物理学家成功地分离了300个反质子达85小时，并成功地储存了这些反质子。1979年，美国科学家也进行了一个实验，把一个有60层楼高的巨大氦气球放到高空，气球在离地面35千米的高度上飞行了 8 个小时，捕获了 28 个反质子。

关于反质子的发现层出不穷，这些发现不断激发着人们的热情。反中子和中子一样，都不带电，但它们在磁性上存在差别。中子具有磁性且不断旋转，反中子也不断旋转，但其旋转方向与中子恰恰相反。按照这个线索，物理学家们继续寻找下去，结果发现了一大群新奇的粒子。到目前为止，已经发现了 300 多种基本粒子，这些基本粒子都是正反成对存在的。也就是说，任何粒子都可能存在着反粒子。

这样，用人工的方法把反质子、反中子和正电子组成反物质原子这一设想在理论上就是成立的。

1996 年 1 月，欧洲核研究中心宣告德国物理学家奥勒特等利用该中心的设备合成得到第一类人工制造的反原子，即 11 个反氢原子。由于这一科研成果意义重大，欧洲核研究中心专门开会庆祝反原子的人工合成。物理学家们预言，技术上进一步的改进将会使大量生产反物质原子的设想成为可能。

对于反物质在自然界中究竟有没有的问题，大家观点各异。从前的理论认为，在宇宙中，正物质和反物质是对称的、同样多的。虽然反物质在地球上只能出现在实验室里，且时间短暂，但在茫茫宇宙中的某些部分却有可能存在一些星系，而这些星系就由反物质构成。相反，正物质却很少在那些星体上存在。物质与反物质在电磁性质上相反，其他方面均相同，那么在宇宙总磁场影响下，它们会各自向宇宙相反方向集中，分别形成星系与反星系。

根据这种观点，我们的宇宙应该分为两部分——正物质和反物质。不过，至今我们也没有获得关于反星系分布的直接证据，因为由反物质组成的星系与正物质组成的星系发出的光谱完全相同，依靠我们今天的天文观测手段根本无法区分。

虽然理论上认为宇宙中应该还存在一个反物质世界，但事实并不这么简单，因为自然的反粒子和反物质在地球上是不存在的。科学家们研究发现，核反应中产生的反粒子被大量正常粒子包围，所以产生出来没多久就会和相应的正常粒子结合，两者结合后反粒子就消失了，转化成了高能量的光子辐射。可人们至今也没发现这种光子辐射。

在我们的地球上，更是很难找到反物质，因为普通物质无处不在，而反物质一旦遇到它就会湮灭。事实上，反物质仍能以自然形态存在于地球以外的宇宙中，但因为它发出的光与物质发出的光一样，所以我们无法从恒星发出的光来判断它是物质还是反物质。因此科学家推断，由反物质构成的恒星很可能存在于宇宙中，或在距其他星球足够远的孤立空间中，甚至在银河系中。自然界是有对称性的，所以应该同时存在着由物质组成的星体和由反物质组成的星体。当然，物质和反物质不可能同处在一个星体中，因为二者碰到一起就要湮灭。

因此，宇宙中到底有没有反物质，还有待于科学技术的进一步发展去证实。尽管至今我们仍不能确定宇宙中是否有反物质，但也不能过早予以否定。因为距离我们100多亿光年的天体是人类已观测到的最遥远的天体，但这并不是宇宙的边缘，也许在更遥远的太空中会有反物质存在，也可能确实有反物质存在于我们已经观测到的宇宙中，只是由于某种原因使我们无法看到这些反物质罢了。

宇宙第五种力之谜

早在17世纪，伟大的意大利物理学家伽利略，曾在高高的比萨斜塔上做过一次具有深远意义的实验，让两个重量不等的铁球从同一高度自由下落，结果两个铁球同时着地。他得出结论说，任何物体，不管是一个铁球还是一根羽毛，如果在真空中自由下落，其加速度必然是一样的，因而必定同时落地。这一观点，直接推动了伟大物理学家牛顿总结出关于力的运动的三大定律。而爱因斯坦的相对论，也是在这一基础上提出来的。

可是，300多年来这一真理，近来却受到了严重的挑战。一个以美国物理学家费希巴赫为首的科研小组，经实验发现，不同质量的物体在真空中实际上并不具相同的加速度。费希巴赫推测，其原因很可能是在物体下落时除了受引力的作用外，还受到一种尚不为人所认识的作用。

迄今为止，多数科学家公认，在宇宙中存在着4种力：第一种是引力，它是一个物体或一个粒子对于另一个物体或一个粒子的吸引力，是4种力中最弱的一种；第二种力叫做电磁力，由于它的作用，形成了不同的原子结构和光的运动；第三种是强相互作用力，它把原子核内各个粒子紧紧地吸引在一起；第四种是弱相互作用力，它使物体产生某种辐射。

按费希巴赫的看法，现在新发现的这种力，应该是宇宙中的第五种力，它是一种排斥力，只能在几米到几百米的有限距离内对物体起作用。这可能是以一种“超电荷”形式出现的。从实验中可以推断出，“超电荷”抵消了一部分引力的作用，从而减缓了下落物体的加速度。减速的值取决于质子和中子的比，而且和原子的总质量——质子，中子总数加上结合能值成反比。由于结合能的大小随原子而异，它所产生的这第五种力也就随结合能大小而异。由此得出的结论是：两个体积不同的物体，如一个体积较小的铁块和一个体积较大的木块，即使它们的重量完全一样，也将因为它们结合能的不同而以稍稍不同的速度下落。铁原子的结合能要比木原子的结合能大，所以铁块下落的速度要比木块的稍慢。

费希巴赫小组的新发现，在科学界引起了极大的兴趣。同时，围绕是否存在着第五种力，也展开了激烈的争论。

许多科学家在进行各种有关引力的实验时，也同样遇到了无法单纯以引力解释的现象，因此，一些科学家提出了一些支持费希巴赫的证据。如澳大利亚昆士兰大学的斯塔绥教授，还有美国埃克森石油公司的探油专家们。

但是，也有为数不少的科学家坚持声称他们自己的实验表明，还找不到存在新的力的证据。美国加利福尼亚大学著名物理学家纽曼就做过这样一个实验：他把扭秤放在一个钢的圆筒内，让扭秤悬挂一块铜块，铜块刚好处于圆筒中心靠边的位置，然后使它变换不同的位置。整个实验是在真空环境中并且严格排除磁场的影响下进行的。记录表明钢圆筒的引力，并没有使变动位置的铜块所受的重力产生影响。

面对双方都持有证据，又难说服对方的情况下，费希巴赫也承认，要做出定论还需要进行一系列的实验。已经有不少科学家正在摩拳擦掌，准备投入这场争论。美国舆论界认为，可能很快将掀起一个以现代先进技术重新证明伽利略论断和牛顿定律的高潮。

美国科罗拉多州的实验物理联合研究所计划重做伽利略的落体实验，并采用激光来监测物体下落的速度。他们准备把下落物体放在上个盒子的真空轴内，以免在实验时受到气流的干扰，盒子下面装一面反射镜，可将光线沿射来的方向反射回去。盒子中还另有装置，以确保在下落时，盒子及所装的各种物体保持相对稳定。物体下落时，一束激光被分割为二，有一半射向盒子，被反射回来，与另一半会合，产生出各种投影，从而可以更加准确地描绘出一个下落物体在速度增加时所受到的各种干扰情况。他们还准备在水面上进行实验，让要进行比较的试验物体浮游在水面，而不是悬在扭秤上。为了防止水中热的流动，要严格使水温保持在其密度最大时的 3℃。

美国华盛顿大学的物理学家则计划把诺特费思实验移到靠近一个巨大的悬崖峭壁的地方进行，以观察一个庞大物体的质量对原子核中具有不同结合能的物体究竟有多大影响。纽曼教授也准备重复他的扭秤试验，但将试验的铜块改成由两种不同材料各居一半的一个混合物，从而判断不同材料的物体下落时是否会有不同的速度。

上述实验设想，可以证明宇宙中确实存在着一种新的力吗？许多科学家并不感到乐观。美国普林斯顿大学的一位科学家指出，证明伽利略论断的实验“在原则上是最简单的，但是在实践中是最复杂的。”因为人们在实验中很难照顾到全部复杂的因素以及排除各种外部干扰。实验时即使近处地层发生一次难以察觉的运动，或者实验者本人引力的影响，都可能使精心炮制的各种方案功亏一篑。

科学家们对第五种力可能带来的影响的估计也不一致。多数人认为这将是物理学上的一次“革命”，要动摇爱因斯坦相对论的理论基础，而且可能对今后物理学发展的方向以及新兴的航天学都会产生重大的影响。但也有人认为，这第五种力充其量是一种极其微弱、只能在局部范围起作用的现象，它不见得能动摇爱因斯坦的相对论。真是问题众多，路途遥远。

宇宙射线来源之谜

所谓宇宙射线，指的是来自于宇宙中的一种具有相当大能量的带电粒子流。1912 年，德国科学家韦克多·汉斯带着电离室在乘气球升空测定空气电离度的实验中，发现电离室内的电流随海拔升高而变大，从而认定电流是来自地球以外的一种穿透性极强的射线所产生的，于是有人为之取名为“宇宙射线”。宇宙射线和地球的许多现象都有关系。但是直到今天，人们也无法确切说出它是什么地方产生的。

初生的地球，固体物质聚集成内核，外周则是大量的氢、氦等气体，称为第一代大气。

那时，由于地球质量还不够大，还缺乏足够的引力将大气吸住，又有强烈的太阳风（是太阳因高温膨胀而不断向外抛出的粒子流，在太阳附近的速度为 350～450 千米/秒），所以以氢、氦为主的第一代大气很快就被吹到宇宙空间。地球在继续旋转和聚集的过程中，由于本身的凝聚收缩和内部放射性物质（如铀、钍等）的蜕变生热，原始地球不断增温，其内部甚至达到炽热的程度。于是重物质就沉向内部，形成地核和地幔，较轻的物质则分布在表面，形成地壳。

初形成的地壳比较薄弱，而地球内部温度又很高，因此火山活动频繁，从火山喷出的许多气体，构成了第二代大气即原始大气。

原始大气是无游离氧的还原性大气，大多以化合物的形式存在，分子量大一些，运动也慢一些，而此时地球的质量和引力已足以吸住大气，所以原始大气的各种成分不易逃逸。以后，地球外表温度逐渐降低，水蒸气凝结成雨，降落到地球表面低凹的地方，便成了河、湖和原始海洋。当时由于大气中无游离氧（O_2），因而高空中也没有臭氧（O_3）层来阻挡和吸收太阳辐射的紫外线，所以紫外线能直射到地球表面，成为合成有机物的能源。此外，天空放电、火山爆发所放出的热量，宇宙间的宇宙射线（来自宇宙空间的高能粒子流，其来源目前还不了解）以及陨星穿过大气层时所引起的冲击波（会产生摄氏几千度到几万度的高温）等，也都有助于有机物的合成。但其中天空放电可能是最重要的，因为这种能源所提供的能量较多，又在靠近海洋表面的地方释放，在那里作用于还原性大气所合成的有机物，很容易被冲淋到原始海洋之中。

虽然当宇宙射线到达地球的时候，会有大气层来阻挡住部分的辐射，但射线流的强度依然很大，很可能对空中交通产生一定程度的影响。比方说，现代飞机上所使用的控制系统和导航系统均由相当敏感的微电路组成。一旦在高空遭到带电粒子的攻击，就有可能失效，给飞机的飞行带来相当大的麻烦和威胁。

还有科学家认为，长期以来普遍受到国际社会关注的全球变暖问题很有可能也与宇宙射线有直接关系。这种观点认为，温室效应可能并非全球变暖的惟一罪魁祸首，宇宙射线有可能通过改变低层大气中形成云层的方式来促使地球变暖。这些科学家的研究认为，宇宙射线水平的变化可能是解释这一疑难问题的关键所在。他们指出，由于来自外层空间的高能粒子将原子中的电子轰击出来，形成的带电离子可以引起水滴的凝结，从而可增加云层的生长。也就是说，当宇宙射线较少时，意味着产生的云层就少，这样，太阳就可以直接加热地球表面。

对过去 20 年太阳活动和它的放射性强度的观测数据支持这种新的观点，即太阳活动变得更剧烈时，低空云层的覆盖面就减少。这是因为从太阳射出的低能量带电粒子（即太阳风）可使宇宙射线偏转，随着太阳活动加剧，太阳风也增强，从而使到达地球的宇宙射线较少，因此形成的云层就少。此外，在高层空间，如果宇宙射线产生的带电粒子浓度很高，这些带电离子就有可能相互碰撞，从而重新结合成中性粒子。但在低空的带电离子，保持的时间相对较长，因此足以引起新的云层形成。

此外，几位美国科学家还认为，宇宙射线很有可能与生物物种的灭绝与出现有关。他们认为，某一阶段突然增强的宇宙射线很有可能破坏地球的臭氧层，并且增加地球环境的放射性，导致物种的变异甚至灭绝。另一方面，这些射线又有可能促使新的物种产生突变，从而产生出全新的一代。这种理论同时指出，某些生活在岩洞、海底或者地表以下的生物正是由于可以逃过大部分的辐射才因此没有灭绝。

今天，人类仍然不能准确说出宇宙射线是由什么地方产生的，但普遍认为它们可能来自超新星爆发、来自遥远的活动星系。科学家希望接收这些射线来观测和研究它们的起源和宇宙环境中的微观变幻。

宇宙射线的研究已逐渐成为了天体物理学研究的一个重要领域，许多科学家都试图解开宇宙射线之谜。可是一直到现在，人们都并没有完全了解宇宙射线的起源。

引力怎样通过虚空

许多人一定对这样一个故事耳熟能详：坐在树下的艾萨克·牛顿猛地被掉下来的苹果打中了头，于是他认为一定有引力存在。当然，事物的发展要复杂得多。实际上，伽利略早就开展了这方面的工作。他发现两个大小、重量不同的物体，比如苹果和西瓜，当从同一高度使它们同时下落时，它们将同时到达地面。伽利略用了数年的时间进行这方面的研究，得到了落体定律，并于 1638 年发表在他的《对话》一书中。4 年后，牛顿出生了。

然而，牛顿注定要走得更远。1665 年，23 岁的牛顿从剑桥大学毕业了。当时，英国的城市里正流行黑死病，于是牛顿回到了家乡林肯希尔。在那里他度过了两年的黄金时光，取得了丰硕的成果。现在看来，这些成果所显示出的重要性只有爱因斯坦在 1905 年所迸发的伟大创造力才能与之媲美。牛顿的成果包括微分学、积分学和白光的分解，当然还有最重要的牛顿运动三定律和万有引力定律。

牛顿认为，引力是由于物体具有质量而产生的物体间的吸引力。两个大物体间的引力要比两个小物体间的引力大。而且，两个物体相距较近时的引力要比相距较远时的大，也就是说，两个物体间的引力与两个物体质量的乘积成正比，与物体间的距离平方成反比。丢到空中的球会落到地面，这是因为地球的质量远大于球的质量。如果球被丢得很高，它将花更长的时间回到地面，因为球和地球之间的距离加大了。

牛顿将下落的苹果同绕地球运动的月亮联系了起来，尽管苹果落到了地面，月亮悬在空中。在适当方向上的适当运动可以抵消，甚至克服引力。月亮悬在空中而非撞向地球，阿波罗 11 号飞离地球奔向月亮，这些都能用牛顿定律进行解释。

牛顿的引力理论中存在一个问题：引力怎样通过虚空？牛顿也意识到了这个问题。他写道："难以想象，这些毫无生气的物质在没有其他非物质的东西调和下，怎能作用在其他物质上并产生影响，而它们之间又没有任何接触。引力一定是天生的、固有的和必需的，这样一个物体才能通过真空作用在远处的物体上，而不需要其他东西来把作用和力从一个地方传到另一个地方。在我看来这是很荒谬的。引力一定是由一个作用物按照一定的规律产生的，这个作用物是物质的还是非物质的，我想我还是把它留给我的读者去考虑吧。"简而言之，尽管引力确实存在，但我们不知道它是由什么来传递的。

牛顿的读者，其中不少是科学家，基本上认为答案是非物质的作用物：空间。人们猜想空间充满了看不见的、无摩擦的介质，介质发生运动时就会推动引力（和光）前进。这种介质被称为"以太"，但这是一个不正确的想法，正如认为鸟类冬眠而不迁徙一样不正确。然而，这个想法却持续了很长时间，因为没有更好的解释。1887 年，美国科学家迈克耳孙和莫雷设计了一个实验，表明了并不存在以太。于是问题又回到了起点：引力如何在虚空中作用？

1905 年，爱因斯坦首先在他的狭义相对论理论中暗示一个答案，并在 1907 年发表他那著名的方程 $E=mc^2$ 时进行了发展。他认为质量和能量是对等的，可以相互转换。质量和能量之间的转换率是固定的。E 是能量，大小会发生变化；m 是质量，大小也会变化，但转换率一直是 c^2，或光速的平方。由于转换率如此之高，所以很少的质量中就能储藏很多的能量。想想具有巨大破坏力的原子弹就不难明白这一点。这个著名的方程同时暗示，相对而言只需不多的能量就能产生足够的速度克服引力，这就是为什么阿波罗 11 号能将人送上月球的原因。我们也看到阿波罗 11 号从肯尼迪航天中心起飞需要多级火箭助推，而登月舱从月球返回时只需一个中等的火箭提供动力。

有关引力的所有问题只有在 1915 年广义相对论问世后才得到真正的解决。这种新的引力理论无需引入以太。实际上，爱因斯坦同时也丢掉了牛顿理论中的力。空间在牛顿的世界中是静态的，在爱因斯坦的世界中则是动态的。根据广义相对论，空间本身是弹性的，可以弯曲、伸展，或者受一个物体质量的影响而严重地变形。太阳就能使通过它附近的光线发生弯曲，因为太阳的引力场使附近区域的空间发生了扭曲。更大的恒星会使空间产生更大的扭曲。最终将为人们所认识的黑洞，对空间的影响达到了不可思议的地步。爱因斯坦向人们表明，物质使空间弯曲。

爱因斯坦的引力理论并没有完全丢弃牛顿理论。牛顿理论中的“力”在太阳系范围内仍然行得通，更不用说在日常生活中了。然而到了更大的范围，牛顿理论就遇到了麻烦，这时就需运用爱因斯坦的理论了。比如，黑洞的引力很强，连光线都逃不脱，牛顿理论没法解释这点，而爱因斯坦的理论则认为，黑洞那极高的质量密度使空间发生了扭曲，俘获了光线，从而清楚地解释了这种奇怪的现象。

在基本粒子层面上，引力基本上不起作用。1 个电子和 1 个质子组成 1 个氢原子，靠的不是引力，而是强度更大的电磁力。到底有多大呢？大 10^{40} 倍。正如法国物理学家和作家蒂阿纳所说：“如果没有电磁力，仅仅在引力的作用下的话，1 个氢原子就将充满整个宇宙。引力非常微弱，不可能使电子和质子结合得如此紧密。”

只有很多的原子聚合在一起时，它们才会产生足够大的引力。从物理的角度来看，连喜玛拉雅山都无法产生足够的引力将一个人吸向它。那些登山者将与地球引力搏斗，如果他们不小心滑倒，地球引力会毫不留情地将他们拉下。引力可置人于死地，但从另一个角度说，它又几乎可被忽略。一张纸放在桌上需要地球的全部质量来产生引力。尽管引力是 4 种力中最弱的一种，然而具有讽刺意味的是，它却给我们带来了巨大的麻烦。

作为说明宇宙起源的大爆炸理论的基石，量子理论试图解释 4 种力中的其他 3 种力，弱核力、强核力和电磁力的基本相互作用。不管从牛顿还是爱因斯坦的观点来看，这就把引力放到了一旁。除非能将引力与其他 3 种力统一起来，否则就不会存在“万物理论”，或者大统一理论这类现代物理学的圣杯。即使将电磁力与量子理论相融合也用了许多年时间，这主要是因为引进了“重整化”计算方法，以消去无穷大这个现代物理学中的难题。

但对于引力重整化的效果并不好。林德利在他 1993 年的《物理学的终结》一书中表明，引力的重整化要比电磁力的情况复杂得多。“当两个物体被拉开，抗拒了引力的作用，体系的能量一定会增加；如果两个物体靠近，能量就会减少。但爱因斯坦又证明能量与质量相当，质量导致引力。你甚至可以认为，引力受到引力作用。”换句话说，质量和能量彼此纠缠在一起。这使引力中的无穷大问题更难处理。

问题最终回到了牛顿留给他的读者的问题：在真空中传递引力的作用物是什么？许多物理学家都认为问题的答案就在引力子，一种假设的亚原子粒子，就像传递光的光子一样。已被确认存在的光子和假设的引力子，都是“玻色子”。如果不存在引力子的话，就需要对量子力学进行重建了。

寻找引力子的路还很漫长。宇宙中所有猛烈的事件，超新星爆炸或星系碰撞，都会产生引力波，并最终到达地球。在路易斯安那州和华盛顿州已建成了两个长约3.5千米的巨大的引力观测站，用来检测宇宙引力波，并用它们进行研究。人们寄希望于激光干涉引力观测站找到这难以捉摸的引力子。现在，关于传递引力的作用物问题，我们并不比牛顿知道的多多少。

天狼星色变

居住在马里境内的多冈人，是非洲仍然保持着原始丛林生活的土著民族之一。

1930年，两位法国人种学家深入到多冈原始部落中，收集了许多独特的神话和传说。他们意外地发现了天文学家争论了一个世纪的天狼星色变之谜，竟在多冈人的神话传说中找到了答案。

天狼星是夜空中肉眼能看到的最明亮的星星之一，尽管它距地球8.7光年即82万亿千米之遥。不少古代天文著作，都记载着天狼星是深红色的，而现代人眼中的天狼星却是白色的。为什么天狼星的颜色发生了变化呢？这个谜深深地吸引着科学家们。

多冈人告诉法国科学家，天狼星是由一颗大星和一颗小星——他们叫它“谷星”——组成的，小星是一颗黑色的、密度极大而又看不见的伴星，它在椭圆轨道上围绕大星运动。他们还知道小星运动周期的2倍是100年，他们世代相传，天狼星是天空中最小而又最重的星，有一种地球上没有的发光的金属物质，在一次事故中，天狼伴星突然爆炸并发生强烈的光，以后便逐渐暗淡了。尽管多冈人肉眼看不见这颗暗淡的伴星，老人们却能用手杖在地面上划出这两颗星的运行路线和各种图形。

天狼伴星是德国天文学家贝塞尔1834年提出的假说。他认为，天狼星运动中的微小摆动是一颗伴星重力吸引的结果。30 年后，美国的一位望远镜制造家首次看到了它。它是一颗白矮星，天狼星与它相互绕转的周期为 50 年，它体积很小，直径约等于地球，光亮是太阳的 1/360，而质量却大略等于太阳，密度较大，一个茶杯大小的物质竟可重达 12 吨。对于天狼星的色变，英国和前苏联科学家不约而同地提出一个假设，天狼星的红色是它的伴星，一颗红色巨星所造成的假象，在一个不能确定的年代，这颗红色巨星爆炸了，变成了不发光的白矮星，天狼星也随之消失了光彩。这些事实和假说，与丛林中的多冈人的神话传说何等相似！多冈人对恒星、行星、卫星有准确的定义。他们知道太阳是离地球最近的恒心，太阳自转，地球也自转，他们还认为宇宙中居住着各种生物，包括有智慧的外星人。

我们不必怀疑古人的超乎寻常的知识范畴，在巴西的一个洞穴里，科学家们发现了一幅壁画，上面刻有太阳和八大行星，大小、位置颇为精确。他们的传说也有一些不准确的地方。如他们的历法，据说是根据天狼伴星的运动而推算出来的，但它们的周期不是 50 年而是 60 年；又如多冈人的图画中，土星有 4 颗卫星，而现在发现了至少 14 颗；又如他们认为天狼星还有一个伴星，可是至今还没有发现等等。但是，考虑到这些传说只是口耳相传，考虑到他们当时的低下的文化状况和生产状况，这些误差似乎可以不必苛求了。

最令人惊讶的是，他们世代相传。他们的祖先“诺摩”来自小犬星座，他们能准确地描绘出这颗星的星体特征，甚至它的产生和变化，这就使我们迷惑不解了。为什么多冈人把这样一颗不显眼的，不用望远镜看不到的星星作为自己的故乡呢？是一个无可改变的事实，还是一种故弄玄虚的狡黠？扑朔迷离，无法判断。如果相信他们，这些高度智慧的宇宙生物的后裔，为什么如此原始和简陋？如果不相信他们，他们的科学知识和生活视野能支持他们开这样一个“宇宙玩笑”吗？这又是一个不解之谜！

黑洞究竟是什么

1939 年，美国物理学家奥本·海默第一个从理论上提出了黑洞的存在。尽管他的观点在数学上无懈可击，黑洞的概念还是从一开始就受到了大多数物理学家的抵制。但却使公众着迷于黑洞这个概念。公众从未对像白矮星、中子星这些重要的恒星产生兴趣，而黑洞则像彗星一样吸引住了公众的注意力。很奇怪，顶尖的物理学家已为黑洞这一问题苦思冥想了几十年，并且仍在继续着。事实上，公众对黑洞的关注是因为我们很难解释它，这使黑洞成为我们知识的空白，促使每个人都能自由地发挥他们的想象。

宇宙黑洞

许多黑洞的定义都集中在说明它的引力场非常强，以致任何东西甚至光都无法逃离它。

让我们问一个简单的问题：黑洞有多大?

理论上，任何东西都能变成一个黑洞。比如，一颗恒星、一颗卫星、帝国大厦、一头大象、你，或者我，只要有足够的力施加到这个物体上，把它压缩至它的引力场强到可以使空间弯曲、俘获光，这样它就变成了一个黑洞。如果要使地球变成一个黑洞，那么地球就必须比乒乓球还要小。如果要使太阳成为一个黑洞，其半径将只有 2.4 千米。

实际上，太阳不会变成黑洞，你和我也不会。我们都没有大到可以成为黑洞，而有些恒星大到不可避免地会变成黑洞。正如科学家费里斯在《全部家当》中解释的那样，“每颗健康的恒星都代表两种相反力的平衡。引力要使恒星坍缩。恒星的核产生的向外热辐射，使恒星向外扩张。在向内的引力和向外的热辐射的作用下，处于平衡状态的恒星会有规律地跳动。跳动的脉搏由一种美妙的反馈机制来调节。”这种热和引力间的反馈机制能使恒星燃烧很长时间，对于太阳这将是 100 亿年，这是太阳寿命的一半。恒星核中的核燃料维持着这种反馈机制，它的燃烧率与恒星质量的立方成正比。这样，如果一个恒星的质量是太阳质量的 10 倍，那么它的燃烧率就是太阳的 1000 倍，燃烧得更明亮，但也更短。对于任何尺寸的恒星，只要热和引力之间的平衡被打破，坍缩就将是不可避免的了。

尺寸像太阳那么大或质量只有太阳质量 5/7 的恒星将变成白矮星。白矮星大小如地球，却具有太阳那么大的质量，它将不再坍缩，因为电子防止了恒星密度的增加。更大的恒星将坍缩得更厉害，常缩小到直径只有 16.1 千米，它们被称为“中子星”，因为它们的核是由电中性的亚原子粒子组成的。中子星旋转得非常快，能达到 1000 周/秒，如果它们还有一个磁场的话，那么它们将产生很强而又短促的无线电波束，这使它们得到了

“脉冲星”的名称。

更大的恒星可能具有很大的质量，以致它们演化成的白矮星或中子星会继续坍缩下去，这样就将形成黑洞。任何物体包括光，都逃不脱黑洞的吸引，只要它们离黑洞的视界足够接近，它们就会被吞噬。支配宇宙的正常的引力规律在视界处转变为支配黑洞的规律。黑洞是这样一个奇点，在其内部区域特殊的规律起着作用。已有许多不同的理论尝试着详细说明黑洞内部所发生的一切。一些宇宙学家认为，任何掉入黑洞的物体将被拉长，像面条一样，而另一些人则想象着通过黑洞旅行到另一个不同世界的可能性。许多聪明的人为此做了无数的计算，但遗憾的是，还没有人真正知道将发生什么。考虑到宇宙大爆炸理论的某些方面，我们所面对的奇点为描述黑洞提供了一些线索。不管对黑洞的数学描述有多么精致，它只是一个想象的现实。

天文学家观测黑洞存在一个固有的问题。从黑洞的定义可知，它们不能被观测到，只能从它们周围的其他恒星和星系的表现来推断黑洞的存在。随着 1994 年对哈勃望远镜的修复和 X 射线望远镜的发展，人们不断进行观测，积累有用的信息。20 世纪 90 年代后半期和 21 世纪的开头，根据记录的数据，许多有关黑洞的预言都被证实。在过去的若干年中，几乎所有的宇宙学家都认为我们已拥有了证明黑洞存在的证据。然而事情常常是这样的，当不断获得新的信息时，它在解决问题的同时也不断地带来新的问题。

自 1974 年天鹅座 X－1 被普遍认为是黑洞的最佳候选者以来，天文学家就一直在这方面不懈地努力着。天鹅座 X－1 是一个由两颗恒星组成的双星系统，这样的系统在宇宙中很常见，但天鹅座 X－1 的特别之处在于：用光学手段进行观测时，一颗恒星很亮，但用 X 射线进行观测时就变得很暗了；另一颗正好相反，光学观测时很暗，X 射线观测时就很“亮”。前一颗恒星看来在绕后一颗旋转。利用数学公式，会发现那颗暗星太重，不会是中子星，非常可能是一个黑洞。

天鹅座 X－1 是黑洞这一结论，既有从哈勃望远镜得到的光学观测证据，也有 X 射线观测证据。其他的新信息更具有挑战性。正如一些天文学家所预言的，20 世纪 90 年代后期的观测证据表明存在两种不同的黑洞。科学家正在找的不光是具有天鹅座 X－1这样典型双星系统质量的黑洞，还包括质量为 10 亿倍太阳质量的黑洞。这样的超级黑洞不断在星系中心被发现，到 2001 年为止已发现了 30 个。这些都是通过测量黑洞周围被黑洞所吞噬的高速旋转气体的速度得到的。

结果表明，星系越大，其中心的黑洞就越大。并且，这些超级黑洞好像只存在于椭圆状星系的中心，而且星系中心有一个致密的恒星群突起，没有中心突起的星系则没有黑洞。银河系有一个相对较小的中心突起，它有黑洞，但黑洞的质量只有几个太阳那么大。不管黑洞很大，还是相对较小，从所观测到的数据来看，黑洞的质量只相当于星系中心突起部分质量的0.2%。

宇宙学家检验着这些证据，并越来越确信黑洞可能是形成它周围星系的种子。在一个小组发现了3个超级黑洞后，小组的领导、密歇根大学的里奇斯通于2000年1月说道："不知何故，这些黑洞在决定它们的质量时，它们似乎知道它们所处的星系的质量；或者，当星系正在形成时，它知道它周围黑洞的质量。"在量子层次上，人们早就认识到电子能知道彼此在做些什么，但在星系尺度上发生这种情况同样使宇宙学家感到既神秘又兴奋。现在，这就是一个先有鸡还是先有蛋式的争论：是先有星系还是先有黑洞呢？有些科学家认为先有黑洞，另一些科学家则认为它们是交错发展的。

渐渐地，越来越多的科学家开始认为确实存在黑洞。但直到20世纪90年代后期，哈勃望远镜才开始清晰地观测星系，确定黑洞的存在。然而，黑洞仅仅是刚刚开始透露它们的秘密，与此同时它们又在增加新的秘密。它们是揭开宇宙如何工作之谜的钥匙，在以后相当长的一段时间内，它们所带来的答案会跟它们所产生的复杂问题一样多。

宇宙白洞之谜

从定义上来说，白洞与黑洞是物理学家们根据黑洞在爱因斯坦的广义相对论上所提出的物体。物理学界和天文学界将白洞定义为一种致密物体，其性质与黑洞完全相反。白洞并不是吸收外部物质，而是不断地向外围喷射各种星际物质与宇宙能量，是一种宇宙中的喷射源。

简单来说，白洞可以说是时间呈现反转的黑洞，进入黑洞的物质，最后应会从白洞出来，出现在另外一个宇宙。由于具有和"黑洞"完全相反的性质，所以叫做"白"洞。它有一个封闭的边界。聚集在白洞内部的物质，只可以向外运动，包括基本粒子和场。而不能向内部运动。因此，白洞可以向外部区域提供物质和能量，但不能吸收外部区域的任何物质和辐射。白洞是一个强引力源，其外部引力性质与黑洞相同。白洞可以把它周围的物质吸积到边界上形成物质层。白洞学说主要用来解释一些高能天体现象。目前天文学家还没有实际找到白洞，还只是个理论上的名词。白洞是理论上通过对黑洞的类比而得到的一个十分“学者化”的理论产物。

白洞学说出现已有一段时间，1970 年捷尔明便提出它们存于类星体，剧烈活动的星系中的可能性。相对论和宇宙论学者早已明白此学说的可能性，只是这与一般正统的宇宙观不同，较不易获得承认。某些理论认为，由于宇宙物体的激烈运动，或者星系一部喷出的高能小物体，它们遵守着克卜勒轨道运动。这是一种高度理想化的推测，亦即一个地方有几个白洞，在星系核心互相旋转，偶然喷出满天星斗。喷出的白洞演化成新星系。而从星系团的照片中可观察到一系列的星系由物质连接起来。这显示它们是由一连串剧烈喷射所形成的。照此来说，白洞可能会像阿米巴原虫一样分裂生殖，由分裂而形成星系。然而这又和目前的理论相违背。

从此看来，就是星系生成也有不同见解。有的天文学家便提出并接受宇宙之初便有不均匀物质的结块，而其中便包含了白洞。宇宙向最初奇点收缩，星系、星系群都同一动作，这当然和黑洞的奇点相似。宇宙的不同区域，其密度皆不同，收缩时首先在高密度的地方，达到了黑洞的临界密度，从此消失在事界之后，宇宙不断收缩，使不断出现高密奇点。宇宙成为大量黑洞及周围物质的集合体。然而事实上，宇宙是膨胀而非收缩的，因此它是白洞而不是黑洞。在宇宙整体性原始的大奇点中存在着密度高的小质点，它们随着膨胀向四面八方扩散，大白洞大量爆发生出小白洞。星系等不均匀物体，正是由它生成的。不均匀物体之所以易和黑洞拉上关系，皆是因为它和膨胀现状相对称的宇宙中局部收缩的过程。目前宇宙中黑洞和白洞的存在是并行不悖的，是过程的两个端点而已。黑洞奇点是物质末期塌缩的终点，白洞物质的奇点是星系的始端。只不过各过程不是同时，而是先后交错的。

科学家们普遍认为，自从大爆炸以来，我们的宇宙在不断膨胀，密度在不断减少。因此，现在正在膨胀着的天体和气体乃至整个宇宙，在 200 多亿年以前，是被禁锢在一个“点”（流出奇点）上，原始大爆炸后，开始向外膨胀，当它们冲出“视界”的外面，就成为我们看得见的白洞。

与上述相反的一种观点认为，由于原始大爆炸的不均匀性，一些尚未来得及爆炸的致密核心可能遗留下来，它们被抛出以后仍具有爆炸的趋势，不过爆炸的时间推迟了，这些推迟爆发的核心——“延迟核”就是白洞。

也有人认为，白洞可能是黑洞“转化”而来。就是说，当黑洞的坍缩到了“极限”就会经过内部某种矛盾运动质变为膨胀状态——反坍缩爆炸，这时它便由向内积吸能量，转变为从中心向外辐射能量了。

最富吸引力的一种观点认为，像宇宙中有正负粒子一样，宇宙中也一定存在着与黑洞（负洞）相同，而性质相反的白洞（正洞）。它们对应地共生在某个宇宙膨胀泡的泡壁上，分属两个不同的宇宙。

由于我们的宇宙中存在着 10 万多个黑洞，同样也可能存在着数目相等的白洞。于是，在宇宙继续膨胀过程中，白洞周围一些质量稍许密集区域就变得更加密集；黑洞周围的一些质量稍微稀薄的区域就变得更加空虚。这些大片空虚的区域就是空洞。

到目前为止，“白洞”还只是个理论名词，科学家并未实际发现。在技术上，要发现黑洞，甚至超巨质量黑洞，都比发现白洞要容易的多。也许每一个黑洞都有一个对应的白洞！但我们并不确定是否所有的超巨质量的“洞”都是“黑洞”，也不确定白洞与黑洞是否应成对出现。但就重力的观点来看，在远距离观察时两者的特性则是相同的。

当人们有了很复杂的数学工具来分析这些相关方程式，他们发现了更多。在这个简单的情形下时空结构必须具备时间反演对称性，这意味着如果你让时间倒流，所有一切都应该没什么两样。因此如果在未来某个时刻光只能进不能出，那过去一定有个时刻光只能出不能进。这看上去就像是黑洞的反转，因此人们称之为白洞，虽然它只是黑洞在过去的一个延伸。

但在现实中，白洞可能并不存在，因为真实的黑洞要比这个广义相对论的简单解释所描述的要复杂得多。他们并不是在过去就一直存在，而是在某个时间恒星坍塌后所形成的。这就破坏了时间反演对称性，因此如果你顺着倒流的时光往前看，你将看不到这个解中所描述的白洞，而是看到黑洞变回坍塌中的恒星。

我们知道，由于黑洞拥有极强的引力，能将附近的任何物体一吸而尽，而且只进不出。如果，我们将黑洞当成一个“入口”，那么，应该就有一个只出不进的“出口”，就是所谓的“白洞”。黑洞和白洞间的通路，也有个专有名词，叫做“灰道”（即“虫洞”）。虽然白洞尚未发现，但在科学探索上，最美的事物之一就是许多理论上存在的事物后来真的被人们发现或证实。因此，也许将来有一天，天文学家会真的发现白洞的存在。

空间有多少维

人类一直与他们生活于其中的3个空间维度融洽相处，直到爱因斯坦给出了第四维：时间。实际上，这对于普通人来说并非难以理解。如果你与一个新朋友约好在她的办公室见面，她会通知你她的办公楼在和平街和青年街的拐角处，办公室在第三层。这里用大街的拐角处来表示空间的左右和前后的维度，用楼层来表示空间的上下维度。而且，你的朋友会约定一个时间，比如说是6：20，这是位置的另一个要素。在相对论中，所有的作用不光发生在三维的空间中，而且也发生在第四维的时间中。将这4个维度放在一起，你就得到了爱因斯坦的时空。

1919年，爱丁顿在发生日食时对水星的观测肯定了爱因斯坦的广义相对论之后不久，爱因斯坦收到了一封来自一位波兰数学家的信。这位数学家毫不知名，就像1905年前的爱因斯坦一样。这位数学家叫卡鲁扎，他提出了宇宙可能含有多于3个空间维度的维度。卡鲁扎推理中指出了一种可能性。可能存在因卷起来而太小以致看不到的维度。力图精确解释这种卷起来的维度的尝试都将是曲解，因为在我们这个宏观的三维世界中不可能表示任何多于三维的东西，正如在一张平坦的纸上不能表示多于二维的东西一样。物理学家格林不光对物理学的这个领域很了解，而且在这方面的贡献也很大。他曾在他出版于1999年的《优雅的宇宙》一书中对此做了一个类比：一个橡胶软管通过一个峡谷，而在软管上爬着一只蚂蚁。这个类比最终使人们理解了这一点。观察者用或不用双眼看，软管的表现差别非常大；对于蚂蚁来说差别就更大了，软管包含了一个卷起来的空间，谁也看不见。

在这里，“谁也看不见”最重要。卡鲁扎向爱因斯坦指出的额外维度，和自从20世纪80年代以来不断增加的额外维度数目，都不能用我们已有的任何工具观测到。对数学而言，假设额外维度的存在将导致令人惊讶的结果。一开始吸引爱因斯坦的是，卡鲁扎用一个额外维度所导出的相对论公式将导出麦克斯韦在19世纪80年代用来描述电磁力的方程。爱因斯坦自己的工作从麦克斯韦的工作发展而来，但只有加上一个额外的维度，电磁学才能与相对论完全统一。爱因斯坦对卡鲁扎的观点忽冷忽热，两年后他才同意发表卡鲁扎的文章。瑞典数学家克莱因又发展了卡鲁扎的观点。但人们所做的实验却想证明这个理论存在很严重的问题。之后，这个想法逐渐被人们放到了一边。

直到20世纪70年代，卡鲁扎的想法才与弦论一起重新为人们所认识。

弦是什么呢？它们是振动的实体，遍及整个宇宙的各个角落；它们如此之小，以致10^{16}个弦才组成一个夸克，这使我们只能从实验推断它们的存在。我们正走向比量子物理的亚原子世界更小的层次，用“微观”来形容这个层次是完全不合适的。

然而，弦论确实存在很大的优点。如何将引力引入量子物理的棘手问题得到了解决，但弦论也不是简单地提供一个统一两者的公式。根据弦论，必须存在引力。实际上，著名的弦论研究带头人威腾走得更远。他认为：“弦论具有预言引力的显著特性。”格林对此是这样解释的：“牛顿和爱因斯坦发展了引力理论，是因为对世界的观察向他们表明存在引力，因而需要一个精确而一致的解释。与此相反，对于一个学习弦论的科学家，即使他对广义相对论浑然不知，他也会从弦的框架导出广义相对论。”

弦论相当轻松地将引力与其他3种力（电磁力、强核力和弱核力）统一了起来。

但是，其中出现的额外维度仍是个问题。对于弦论而言，很明显需要额外的六维空间维度，而不是我们日常生活中习以为常的三维。再加上爱因斯坦的时间维度，就得到十维。这些增加的维度就像振动的亚原子弦一样，是看不见的，并注定会这样下去，直到人类的技术能够俘获到它们为止。

不管怎样，我们必须要问，这个十维的无穷小世界是个怎样的世界？弦理论家对此已有回答。《优雅的宇宙》一书中有许多插图试图描写卡拉比一丘空间。这是由两个数学家卡拉比和丘成桐的姓来命名的空间，而他们的研究与弦论无关，却帮助定义了这样的空间。正如格林一直指出的，这些图画只是近似的表示，因为它们是在二维的纸上表达六维的形状。基本而言，这就像一个人走上了埃歇尔那著名的楼梯，不断循环反复，形成一个球状的线团。形成球状并非处于偶然。因弦论而产生的额外维度实际上卷了起来，难以看到，这种情况就像格林书中讲到的一条软管穿过峡谷，软管上面爬有蚂蚁。

实际上，根据弦论，无限小的振动弦通过这额外的六维的方式决定了亚原子层次的粒子质量等，这些又影响到现实世界所发生的一切。换句话说，这些额外维度并非任意的。它们对于弦产生的特殊的“共振”而言是必需的，正如在宏观世界中当拨动琴弦时，琴的形状和木质产生略微不同的共振一样。当然，在弦论的十维空间中，存在足够多种的共振，能变化出一个有序的宇宙。

从20世纪80年代弦论开始发展以来，这些概念都无法用现在的技术进行检验，这深深地困扰着许多物理学家，尽管一些人发现弦论令人兴奋。在争论的双方中都有诺贝尔奖获得者。

当量子物理学家继续苦攻引力难题时，弦理论家冷静了下来，承认存在一些问题，于是一种稍带不安的平静降临到物理学界。在量子理论一直苦攻同一个老问题时，至少弦论是在走向某一个地方。不管怎样，尽管弦论能较好地处理引力以及其他一些问题，它也存在自身的缺点。正如费里斯在《全部家当》中所指出的，多达300多种的亚原子粒子曾让量子理论困苦不堪，现在它又影响着超弦理论。并且，另外6个维度是如何“卷起来的”还未得到解答。对此费里斯写道：“弦的场论应能导出质子和其他粒子的质量，但这样的理论还未出现。”加莱道雄说得更直接，没有人聪明得能解决场论问题。

许多顶尖物理学家都认为，弦论要么可解决物理学中的全部秘密，用量子理论完全统一牛顿宇宙和爱因斯坦宇宙；要么就是大错特错。如果弦论确被证明是错的，许多重要的物理学家将希望藏于看不见的维度中。解决弦论秘密的技术和数学可能出现在未来的几十年后。

有关月球的3个谜团

月球不是规则球形，而是极直径略小于月球赤道（以下简称“赤道”）直径的天体。仔细观察月球形状，我们会发现它好像被人用拇指和食指捏住两极“挤”过一样。

这一现象并不稀奇，因为在久远的月球形成初期，月球自转产生的离心力可能使岩浆尚未冷却的月球赤道地区“鼓”出一块。然而，这只是关于月球形状的种种假设之一，尽管人类已经登上月球，但众多的月球之谜仍待科学家一一破解。

形状不规则

早在18世纪末，法国数学家皮埃尔－西蒙拉普拉斯就注意到，形状不规则的月球自转时会发生“颤抖”。

20世纪六七十年代，太空探测器发现，处于月球与地球地心连线上的月球半径被拉长，也就是说，如果沿赤道把月球分成两半，截面不是正圆，而是像橄榄球一样的椭圆，“球尖”指向地球。但迄今无人能就月球当前形状的成因给出完全令人信服的解释。

质量不均匀

一般认为，45亿年前，一个火星

大小的天体撞击地球，产生的部分碎片形成月球，但这也仅限于推测。

月球形状的另一个谜团是，月球面对地球一面在物质构成及外貌方面与背对地球一面差异很大：前者地壳比另一面地壳薄许多，并拥有由玄武岩构成的广阔平原，这些平原被称为月海，这是很久以前月球表面火山喷发的结果。背对地球的一面地壳厚很多，有更多陨石坑，几乎没有月海。

一定程度上，月海中密度较高的玄武岩使月球的质量中心不在几何中心，偏离了约 1.6 千米。但是，迁移的发生过程尚不清楚。

月地渐远离

法国人拉普拉斯在 18 世纪末发现月球形状不规则难能可贵，然而，他没有看到的是，月球正在逐渐远离地球。月球每年远离地球约 3.8 厘米。

现在的月球自转和公转周期相同，所以它的一面总是朝向地球。科学家估计，和现在约 38 万千米的距离不同，早期的月地距离可能只有约 2.6 万千米。由于天体运行轨道半径与天体转速有关，按照这一假设，1∶1的自转公转周期可以解释当前月球形状不规则的现象。

还有一些科学家假设，月球形成初期的自转公转周期比为 3∶2，也就是公转 2 周期间自转 3 周，这种情况至多持续了几亿年，最后因为潮汐力而自转降速，自转公转比稳定为现在的 1∶1。计算结果表明，这段自转比公转快的时期可能提供足够的力，为月球形成目前的形状准备了条件。确有道理，但不要忘了这只是假设，不一定是事实。

宇宙将如何终结

我们的太阳大约已存在了 46 亿年，作为恒星它大致还能活这么长时间。这只是一个普通的恒星，宇宙中有上 10 亿颗这样的恒星。这样的恒星不断地死亡，又不断地诞生。通过观察在宇宙早期诞生的类似恒星的残骸，我们可以相当准确地知道我们的太阳死亡时的情景。在大约 40 亿年间，我们的太阳将耗尽其中心的燃料氢。然后，它将开始收缩，并重新振作起来：其中的氦核将三个三个地聚合成碳－12，而这种新燃料将再燃烧 20 亿年。此时，当太阳继续存活时，地球已不再存在了。因为新燃料将使太阳变大 100 倍，将地球化为灰烬，被这个红色的巨星吸收。最终，当氦转化为碳－12 的过程结束后，我们的太阳将再次收缩，变成一个暗淡的白矮星。再过几十亿年，白矮星将逐渐冷却下来，并最终变成一个称为黑矮星的死星。

太阳发射出大量的中微子，这是由太阳中心核聚变产生的。它们像幽灵一样，是非常难以探测到的，但几个不同类型的实验都确认它们确实来自太阳，穿过地球以及我们的身体，然后进入太空。但是，它们的数目还不够。根据探测中微子的实验，1/3 到 1/2 太阳产生的中微子失踪了。不知何故，这些“偷走”能量的粒子自己在太阳和地球间失踪了一部分。

这个问题已存在几十年了。由于所有的证据都支持太阳的能量来自其中的核聚变，故失踪中微子之谜最终将通过改进实验得到解决，而不会对现今流行的太阳模型提出挑战。然而，一些对宇宙怀有新观点的科学家强烈地反对演化理论，他们以失踪中微子作为论据，认为太阳能量并非来源于核聚变，因而太阳要年轻得多。年轻的太阳意味着年轻的地球，年轻得无需演化的概念。他们的论据被无数主流科学家大加批驳；许多的证据显示太阳确实已有 46 亿年了，且只过了其一生的一半时间，不光是否有失踪中微子这件事存在。

在太阳死亡之前，银河系将吃掉大麦哲伦星云，并将与仙女座发生猛烈撞击。大麦哲伦星云距我们只有 15 亿光年远，因引力作用而不断向银河系靠拢，在 30 亿年内将被银河系吞噬，给银河系增加 100 万颗恒星，它们在 7 亿年后的银河系和仙女座碰撞中非常有用。空间是浩淼无边的，因而星系在碰撞过程中损失小得惊人。当然，一些恒星会相撞，这对于附近的行星而言非常可怕，但行星被撞的概率很小。

更大的问题是宇宙到底在膨胀还是在收缩。这是人们最近争论的焦点。毕竟，直到 1925 年哈勃发表了关于“宇宙岛”的文章后，我们才知道除了我们的银河系还有其他的星系存在。当爱因斯坦发展广义相对论时，即便是他也假设宇宙中只存在一个星系，并且是静止的。然而当他的公式表明（一个星系的）宇宙应当膨胀时，他引入了宇宙常数以使宇宙不膨胀。一旦哈勃证明存在许多相互远离的星系，这意味着宇宙在膨胀。

不久，有关膨胀宇宙的新观点出现了。一些宇宙学家争辩道，宇宙可能现在正在膨胀，但最终它将停止膨胀，然后收缩下去。当人们在 20 世纪 20 年代后半期开始认真对待大爆炸理论，并于 20 世纪 80 年代普遍接受它时，许多科学家相信大爆炸产生的向外推动的能量最终将消失，宇宙膨胀将逐渐慢下来，停止，走向反面，所有的恒星和星系将向内收缩、挤压。宇宙收缩将再次使宇宙逐渐变得致密、炙热，最后变成包括宇宙中所有质量和能量的点。这又为另一次大爆炸做好了准备。这种观点的强有力支持者是美国物理学家惠勒。根据他的理论，这种过程循环往复，每次大爆炸产生的宇宙中的规律都完全不同，因为在量子层次上一个电子的轻微变动就足够改变万物的本性。

另一种观点认为，宇宙的这种循环演化看上去很好，但与我们的观察不一致，并且宇宙的终结将是个意义不大的命题。选种观点认为，宇宙将永远膨胀下去。（宇宙最终将膨胀成完全真空，这使常人很困惑，但对于宇宙学家却很清楚。）当星系彼此之间越来越远时，产生新星系的碰撞将不会发生。星系间的寒冷的真空将越来越大，星系中的恒星将逐渐燃尽燃料，正像太阳一样。比我们的太阳大1.4倍的恒星将经历一个更剧烈而长期的死亡过程，但它们也将用光它们所有的能量。

在1万亿年后，在黑暗的宇宙中只存在死星和黑洞。即便这样，由于没完没了的引力作用，在大爆炸之后几百亿亿年后，宇宙将再一次进行焰火表演。这将持续约10亿年，还不到目前地球年龄的1/4，然后经历一段难以想象的时间后，宇宙将彻底地黑暗、寒冷下去，连幸存的黑洞都消失了。这个过程将持续多久呢？无穷尽，最后剩下的将是辐射和忽隐忽现的虚量子粒子。

到此，我们得到的结论只有：

大爆炸理论只是一个理论，其中的大部分是不可检测的。

我们关于地球上生命如何起源的想法非常模糊。

现在可以肯定存在黑洞，但我们并不确切知道其内部发生着什么。

宇宙的年龄还悬而未决。

还有，我们想知道宇宙是如何终结的，但我们不知道。

大自然难解之谜

DA ZI RAN NAN JIE ZHI MI

寻觅物种大灭绝的真正原因

据估计，以单细胞细菌形式存在的一些种类的生命，在我们这个星球上已经存在 35 亿年了，这是宇宙年龄的 20％～25％。当生命的初始形式出现后，大约经历了 30 亿年，生物的多样性才开始真正出现。古生物学家大卫·M·劳普在他 1991 年出版的著作中提到，大约 6 亿年前"生物进化的速度仿佛脱缰的野马，一发而不可收"。从那以后，有 50 亿～500 亿种物种已经形成——这个不确切的数字反映了我们对此了解甚少。一些物种，如蟹状三叶虫等以一种或另一种形式在地球上生存了几百万年，但曾经存在过的 99.9％的物种最终都灭绝了，这不是夸张的数字。究竟发生了什么使得亿万物种惨遭灭绝？

对这一问题进行思考的有两个主要学派：一派主张是因为基因不好造成了物种大灭绝；另一派则主张是因为运气不好。劳普于 1991 年著的《大灭绝：坏基因还是坏运气?》一书中介绍了这两个学派。

自从达尔文的理论发表后的 140 多年间，坏基因学派逐渐占上风。因为地球在不断变化，它的大陆板块在不知不觉中形成新大陆，它的气候冷暖有序，即使很微弱的地磁场完全反转，也将引发地震、火山喷发、冰河和热带热浪，这些肯定会对现存的生物带来挑战。那些具有复杂的遗传结构并能适应这种变化的生物自然最有希望生存下来。这些具有复杂遗传结构——同样也意味着具有最大和最复杂的有机体的生物将不会灭绝。另外，当任何物种经历长时间的进化以获取更大的遗传效率时，即使没有外来的大规模的环境变化的压力，它的不太适应环境的祖先也将逐渐灭绝。如果能发展出一种比从其进化而来的物种更有效的摄取微小食物的能力，甚至一些相当原始的早期海洋生物也胜过与它相似的生命形式。适应性即适者生存对许多科学家来说，解释大多数物种灭绝似乎足够了。

然而，随着时间的推移，当从记录了地球生命史的化石中了解到越来越多的东西后，科学家注意到这种方法出现了越来越多的问题。单独靠进化论不能解释5次物种大灭绝发生的原因，在这5次大灭绝中，大多数曾经存在的生命形式灭绝了。经历了过去的半个世纪后，越来越多的科学家转向了“坏运气”假说，这一假说认为大灭绝是由于经历了罕见的自然灾难，其强度足以毁灭整个行星。

尽管没有一种动物主宰地球，在大灭绝期间总有一些生命形式像恐龙一样被永远毁灭。有一种观点普遍被人接受，那就是毁灭了恐龙和许多别的物种的大灭绝，为哺乳类动物的进化开辟了道路，同时也为进化成我们人类的哺乳动物的一支的数量的增加开辟了道路。一些科学家相信如果恐龙没有灭绝的话，它们可能最终会进化成直立行走的生物，可能最后会进化成像人类一样，甚至比人类更发达的智慧生物。有一些证据表明一些小的恐龙已经有即将靠两条腿直立行走的迹象了。但是，有些专家对此提出异议，他们认为恐龙在很长时间内都没有向直立行走发展的迹象，相反，灵长类进化为人类的速度相对来说要快得多。

暂且不管这类推测，证明恐龙的灭绝是目前大灭绝原因的争论的关键。有两个原因：自从1842年理查德·欧文创造了“恐龙”这个词以后，恐龙就成了公众感兴趣的对象，至今已经一个半世纪了；因为恐龙消失在5次大灭绝的最后一次，我们有记录了它们1.4亿年存在史的化石，它比其他早期的生命形式的化石更完好。

要想获得更多关于灭绝物种（或由许多不同的物种组成的类）的信息，需要更多来自不同领域的科学家一起来研究。同时，对恐龙的看法在20世纪过去的几十年间发生了很大的改变，但依然存在许多不解之谜，这些生物吸引了许多专业背景似乎与恐龙研究毫不相干的科学家。没有人比诺贝尔奖获得者、加州理工大学物理学家路易斯·W·阿尔瓦雷茨从更远的领域进入恐龙的争论圈的了——可能有一部分因为这个原因，引起了轰动。他和他的儿子沃尔特——一位地质学家一起建立了一个新的理论，在20世纪70年代震惊了恐龙研究界。他们开辟了一条思考大灭绝的全新道路。

回到1973年，沃尔特·阿尔瓦

雷茨和一个地质学家小组在意大利北部的古比欧的一个地方发掘能证明地球磁场反转的证据。因为某种未知的原因，地球磁场每100万年反转一次，在古比欧，沃尔特·阿尔瓦雷茨发现一个夹在两个石灰层之间的泥土层没有化石，而这两个石灰层都有很多化石遗迹。这件事引起了他极大的兴趣，因为泥土层在地质年代上与白垩纪末期一致，恐龙就是白垩纪末期灭绝的。1977年，沃尔特回到美国，随身带了一些泥土层的样品。然后，他就这件事情跟他父亲路易斯·W·阿尔瓦雷茨进行了讨论。

路易斯·W·阿尔瓦雷茨因为发明了液氢气泡室而获得了1968年的诺贝尔物理学奖，液氢气泡室用于识别许多短命的称为“共振子”的粒子。阿尔瓦雷茨是一个有多方面兴趣和成就的人，他参加了研制原子弹的曼哈顿工程，发明了引导飞机着陆的雷达导航系统。古比欧的地层样品激起了他的极大兴趣，他开始测量它们的地球化学组成成分，在1978年又得到了一些额外的样品并发现在地层中铱元素的含量是其上下层的石灰层的含量的30倍，铱是地球上的稀有元素——但在陨星上很普遍，白垩纪末期的地层中铱含量之高令人惊奇。

阿尔瓦雷茨认为有几种可能的解释。也许，可能在那段时间银河系正好有一颗超新星发生爆炸，爆炸后产生的富含铱元素的碎片落到地球上，但是这种假说没有获得有力的证据的支持。路易斯和沃尔特·阿尔瓦雷茨转向了另一个假说：一颗大的陨星坠落地球。它的直径至少有10千米，撞击后扬起的尘埃遮天蔽日达数年之久，海洋和陆地的植物得不到充足的阳光而深受影响，食物链的崩溃导致了包括恐龙在内的大量物种同时灭绝。

阿尔瓦雷茨父子的假说于1980年6月发表在《自然》杂志上，在有些人看来，这只是大众传媒编造的一个极具戏剧性的科学故事，只能增加各个科学领域的怀疑者的厌烦。沃尔特·阿尔瓦雷茨的许多地质学家同行拒绝接受这一假说，因为他们已经提出了自己的假说，其中包括火山喷发假说——猛烈的火山喷发也可能造成遮天蔽日的尘云。别的科学家认为陨石撞击假说可能是真实的，但也是有待验证的。富含铱元素的类似沉积物（它可以支持从古比欧所获得的发现）在全球的其他不同地方还能找到吗？是否存在一个正好产生于白垩纪末期，并且足够大的陨石坑来证明这样一颗陨星确实撞击过地球呢？

两年内，地质学家在世界各地都找到了包含确切年代的富含铱元素的地层。但是有些科学家开始提出一个新的问题：铱元素能在大气中长期停留，以便能从撞击点传送到全球吗？

但是，计算机模型显示“冲击扩散”是可行的。随着争论的继续，这一假说还存在一个大问题：到哪里去找那个陨石坑呢？当时所发现的大陨石坑没有一个在大小、年龄等方面正好符合要求。1989年，海洋学家在绘制尤卡坦半岛的北部海滨的地形图时，发现了一个海底陨石坑，随后科学家对这个名为奇休鲁布的陨石坑展开了测量。1993年，科学家宣布这个陨石坑直径为180千米，比西弗吉尼亚州还大，实际上是现在已知的太阳系最大的陨石坑。更令人惊奇的是，测量显示这个陨石坑正好形成于6500万年前，与预测的恐龙灭绝的年代相符。接下来的4年，对从陨石坑中取得的样品进行了测试。1977年，一些研究者得出结论：陨石坑中铱元素含量与古比欧、丹麦、新西兰所发现的地层的铱元素含量相同，这些地方的铱元素含量数据是路易斯和沃尔特和他们的同事、化学家弗兰克·阿萨罗和海伦·米歇尔于1980年所宣布的。到此为止，大多数科学家都同意陨石撞击在恐龙灭绝中扮演了一个重要角色。这个结论得到了1996年11月宣布的一项研究成果的支持，该研究指出，尤卡坦半岛陨石以一个锐角撞击地球，这将在北美洲产生巨大的风暴性大火。

但是，这个结论并不意味着关于大灭绝的争论已经结束了。一些科学家包括大卫·劳普得出结论，认为解释所有大灭绝的物理机制已经清楚了，科学家将不指望再能找到与更早期大灭绝相符的陨石坑了，因为地球表面经历了数百万年的变迁，发生在更早期灭绝时留下来的陨石坑的痕迹不可避免地被消除了。在20世纪期间，大陆漂移的发现表明，2亿年前地球上存在一个叫联合古陆的超大陆，而且这个超大陆也是由一个更早期的叫 Rodinia 的超大陆的几块形成的。

尽管这些试图证明过去5亿年间经历的5次大灭绝都是因为陨石撞击所引起的发现和推论极具煽动性，但是仍有一些科学家对这个假说持怀疑态度，甚至怀疑恐龙灭绝真的完全是因为陨石撞击所引起，这些科学家只愿意承认陨石撞击只是恐龙灭绝的部分原因，而不是全部。印度西部的高原地区分布着广阔的火山岩堆积物，被称为德干高原火成岩，一些科学家认为这种不断出现的火山活动也可起到与陨石撞击相似的效果。在对德干高原火成岩进行年代测定时稍微有些问题，一些人认为火山爆发和陨石撞击都存在，同样起决定性作用。而其他专家坚持恐龙在北美洲比在其他地方灭绝得快，尤卡坦的陨石撞击应该是主要的原因。还有另外的观点认为恐龙在撞击前就开始消失了，即使没有这一次撞击加速它们的灭亡，它们也会灭绝的。这最后一个假说涉及另外一个假说，即许多恐龙因为体积太大，一旦环境稍有变化，就会引起它们的食物匮乏，而体积小的恐龙，可能进化成了像现代的爬行类一样的动物了，有的也可能进化成原始的真正的鸟类了。

一些恐龙成长为庞然大物，而另外一些则进化成了新的物种的假说支持了大灭绝的坏基因假说。也就是说巨大的身躯可能是一个坏的遗传特征，因为它增加了对环境变化适应的脆弱性，而小的物种随着时间的流逝更具有适应性。大卫·劳普甚至指出，有些物种灭绝是因为遗传问题，这类问题出现的范围，可能从疾病影响了一个物种或一些物种，到栖息环境的改变可能对一些栖息在一个狭窄的生活空间的物种来说是致命的。这些问题是显然存在的。

然而，劳普雄辩地说明，坏基因并不能解释这么多物种在大灭绝中为何会全部消失。应该发生过一些重大的事件，不仅杀死了具有好基因的物种，同时也杀死了具有坏基因的物种。

尽管如此，劳普认为陨石撞击是5次大灭绝的主要原因的假说依然得不到许多科学家的承认。尽管他有他的支持者，但仍有人对他的理论提出异议。对那些坚持认为不断发生的火山活动扮演了主要角色的人来说，这可能意味着，火山活动本身也是陨石撞击的结果，巨大的陨石撞击引发了火山活动。虽然如此，一些专家还是乐意接受这样的假说，即任何一次大灭绝都不是由单一的原因引起的，而是几个原因共同作用的结果。还有人认为5次大灭绝都有一个最主要的原因，但是可能每次大灭绝的主要原因都不一样。有一次可能是因为火山活动，还有一次可能是因为海平面上升，另外一次可能是因为气候突变。所有这些灾难，包括陨石撞击，也许发生过不止一次。

这种争论很可能永无止境，但是尤卡坦陨石坑给陨石撞击引发最近一次大灭绝的理论提供了强有力的证据，研究者对寻找类似的更早期的大灭绝的证据不抱太大的希望。地球表面经过数亿年的数次变迁，已经面目全非了。无疑，将来的其他发现将会使争论偏向一方或另一方，但至少暂时无法找到最终答案。

百慕大三角——地球的黑洞

在20世纪海上发生的神秘事件中，最著名而又最令人费解的，当属发生在百慕大三角的一连串飞机，轮船失踪案，自从1945年以来，在这片海域已有数以百计的飞机和船只神秘地无故失踪。失踪事件之多，使世人无法相信其尽属偶然。所谓百慕大三角是指北起百慕大群岛，南到波多黎各，西至美国佛罗里达州这样一片三角形海域，面积约 100 万平方千米。由于这一片海面失踪事件叠起，世人便称它为“地球的黑洞”、“魔鬼三角”。

1945 年 12 月 5 日，美国第十九飞行队的队长泰勒上尉带领 14 名飞行员，驾驶着 5 架复仇者式鱼雷轰炸机，从佛罗里达州的劳德代尔堡机场起飞，进行飞行训练，泰勒是一名经验丰富的飞行员，有着在空中飞行 2599 小时的飞行记录，他的飞行技术对完成这样的训练任务应该是根本不成问题的，但当飞行的机群越过巴哈马群岛上空时，基地突然收到了泰勒上尉的呼叫：“我的罗盘失灵了!”“我在不连接的陆地上空!”以后两个小时，无线电通信系统断断续续，但是还能显示出他们大致是向北和向东飞。下午 4 点，指挥部收到泰勒上尉的呼叫：“我弄不清自己的位置，我不知道在什么地方，”接着电波迅号越来越微弱，直至一片沉寂. 指挥部赶到这事不大对头，立即派一架水上飞机起飞搜索，半小时后，一艘油轮上的人看见一团火焰，那架水上飞机堕落了。

在短短的 6 个小时，6 架飞机，15 位飞行员一下子都不见了，他们消失的莫名其妙。这件事使美国当局受到极大的震动，军方决心查个水落石出。次日，在广达 600 万平方千米的海面上，出动了 300 架飞机和包括航空母舰在内的 21 艘舰艇，进行了最大规模的搜索。搜索范围从百慕大到墨西哥湾的每一处海面，时间达 5 天之久，可仍没能找到那 6 架飞机的踪影。

多年来，人们对这次事件传说纷纭，百慕大海域也就随着这次事件的披露而出了名。然而，该地区无法解释的船只或飞机失踪事件，可以追溯到 19 世纪中叶。

早在 1840 年，一艘名叫“洛查理”的法国货船航行到百慕大海面时，人们就发现船上食物新鲜如初，货物整齐无损，而船员却全部神秘地失踪了。

1872 年，在亚速尔群岛以西的海面上，又有人发现一艘名叫“玛丽亚·米列斯特”的双桅船在海上漂流，船上摆放着新鲜的水果，食物以及半打没喝完的咖啡，而船内空无一人。

1935 年，意大利籍货轮“莱克斯”号的水手们眼看着美国籍帆船“拉达荷马”号一点点的被海浪吞没。但 5 天后，他们又亲眼看到这艘帆船居然又漂浮在海面上。水手们简直不敢相信自己的眼睛，即使是他们连同救起的“拉达荷马”号船员一起跳到这艘船上，他们还怀疑是不是自己在做白日梦。

另一个突出事例是装载着锰矿的美国海军辅助船“独眼神”号在1918年3月失踪，这艘巨型货轮拥有309名水手，并有着当时良好的无线电设备，竟没有发出任何呼救迅号就无影无踪。

1951年，巴西一架水上飞机在搜寻他们一艘在这片海域失踪军舰时，发现百慕大海域的水面下有一个庞大的黑色物体，正以惊人的速度掠过。

1977年2月，有人驾驶着私人水上飞机飞过百慕大海域，发现罗盘针偏离了几十度，正在吃饭的人发现盘子里的刀叉都弯了。飞离这里后，他们还发现录音机磁带里录下了强烈的噪音。

美国海难救助公司的一位船长说，有一次他乘船途径百慕大海域时，船上的罗盘指针突然猛烈摆动，正在运转的柴油机功率突然消失，浊浪滔天，船的四周都是大雾。他命令轮机手全速前进，终于冲出大雾，但这片海域外的海浪并不大，也没有雾，他说，这辈子从未见过这种怪事。

百慕大三角连续发生的事件，引起了各国科学家和有关方面的注意。人们对此提出了种种不同的看法。

有人认为百慕大海底有巨大的磁场，因此会造成罗盘失灵。1943年，一位名叫裘萨的博士曾在美国海军配合下作了一次实验，以两台磁力发生机输出十几倍的磁力，磁力发生机开机后，船体周围涌起绿色烟雾，船和人都消失了，实验结束后，船上的人都受了某种刺激，有些人经治疗恢复正常，事后有些人却自杀而死，因此结果也就不了了之。

有人认为百慕大区域有着类似宇宙黑洞的现象，但“黑洞”是在太空中的一种状态，在地球上是否有黑洞，还有待于证明。有人认为百慕大海域海底有一股与海面潮流不同的潜流，当上下两股潮流发生冲突时，就会造成海上事故，但这股海底的潜流又是怎样形成的呢？对此也没有一个较为合理的解释。

此外，还有次声破坏论，空气涡流论等种种说法，但这些解释也都是一种假说，既缺乏足够的依据，也未能为人们普遍接受。

1979年，美国和法国科学家组成的联合考察组，在百慕大海域的海底发现了一个巨大的水下金子塔。根据美国迈阿密博物馆名誉馆长查尔斯·柏里兹派人拍下的照片，可以看到这个水下金子塔比埃及大金子塔（即胡夫金子塔）还要巨大。塔身上有两个黑洞，海水高速从洞中穿过。

水下金字塔的发现，使百慕大三角之谜变的更为神秘莫测，它到底是人造的还是自然形成的？它与百慕大海域连续发生的海难和空难有什么关系？这些都还有待于人们的进一步探讨，百慕大这个黑洞，至今还没有看见底。

美国的天然魔石板

最令科学家认为反常的地球重力表现伤透脑筋的地方，是美国加利福尼亚州圣塔克斯镇郊外的一个神秘地带。从加州海滨城市旧金山驱车南行，大约两个小时就可到达圣塔克斯镇，然后再行车 5 分钟，就来到了神秘地带。

森林包围在四周，在空地的木栅门上高挂着“神秘地带处”的牌子。进入这道门，就如同来到另外一个世界。两位日本人踩着两块石板比高矮。这两块石板看起来很普通，每块长约 50 厘米，宽约 20 厘米，彼此间距约 40 厘米；它们就摆在进门后不远的地方，这是两块天然魔石板。

他俩站在石板上，矮的变高了，而高的却成了矮子。

离开石板，沿着一条坡度极大的坡道，朝神秘地带中心走去，沿途只见周围的树木全都向一个方向倾斜着，好像刚刚遭受了强台风的袭击，走着走着，有人发现看不到自己的脚尖了。原来不知不觉当中，身子已经极度倾斜了，几乎达到与坡道平行的地步了。然而每个如此行走的游人，却都步履稳健，并不觉得有什么别扭。

简陋的、建造年代不详的小屋立在神秘地带的中心，由木板搭成的围墙与木屋之间留出了供游客逗留的空地。这里的木屋也在明显地倾斜着，与树木倾斜的方向一样。游人们的身子依然无法挺直，全都不由自主地朝一个方向倾斜着身子。许多人侧歪着身子，感觉似乎比平常还好受些。无法捉摸的引力改变了人们的行为。

跨进木屋时，屋里立刻会有一股强大的力量向你袭来，似乎要把你推到重力的中心点去。敏捷的人虽然可以就近抓牢把手，与这股力量抗争，但不超过 10 分钟，你就会感到头昏眼花，像晕船一般难受。

有时，好奇的游客会伸出双臂，用手抓住天花板的横梁引体向上，你若站在一旁看去，就会发现那悬挂着的身子不同地面垂直，而是倾斜到一边。

科学家已经验证，这地方的任何悬挂物，都无法与地面形成直角，总是呈现自然倾斜状态。

在木屋里，人们可以从木屋板壁的接地边沿踩上去，顺着墙壁步步高升，如同在平地散步一般。

小木屋里的怪事还有不少。那块向外伸展的木板，它的外端明显地向上倾斜，可当你把一个高尔夫球放在木板的顶端时，它并不会沿斜面往下滚动。即使用手推动它，球也是被迫往下滚几圈，然后再自动滚上来；当它顺着木板顶端滚落时，你可不能在垂直方向去接它，因为它是不遵守自由落体规律的，而是朝着倾斜的方向掉下来。小木屋里的钟摆也够古怪的。一根悬挂在天花板横梁上的铁链，其下端系着一个直径为25厘米、厚5厘米的圆盘状物体，这就是供游人们赏玩的钟摆了。当然，它悬挂的角度也是倾斜的。眼看它很沉重，当你从一个特定方向推动它时，只要手指轻轻一点，它就会向前摇晃起来；你若从相反方向来推它，它则纹丝不动，即使双手运足力气，也只能移动分毫而已。

按照常规来看，钟摆被推动起来后，它会按一左一右、一右一左的规则摆动，幅度由大而小，最后以垂直状态静止下来。然而，小木屋的这个钟摆却很独特。在它受到冲击后，最初是按常规左右摇摆几下，但随后它就按圆圈的方向摇摆起来，一会儿朝左旋转几圈，一会儿朝右旋转几圈；每5～6秒钟，就自动改变摇摆方向一次，间或前后摇摆或左右摇摆。如此周而复始。

到目前为止，集合了地球上所有科学家们的智慧也没弄清导致这个神秘地带神秘现象的原因所在。

布朗山之光

布朗山海拔793米，位于北卡罗来纳州西部的蓝岭山脉，靠近莫干顿地区。围绕那里从前出现的神秘亮光流传着许多故事。

在1925年的一期《文艺书摘》上，罗伯特·斯帕克斯·沃克报道了变化多端的亮光目击事件。有一个目击者把他看见的亮光描述为“浅白色……带着淡淡的、不规则的光环”。该位还说那亮光先在空中画了几个圈，接着便消失了，不久之后又出现了，继续它的画圈运动。另一个观测者说自己看见了一个黄色的“闪烁稳定的亮球”，“就像航天火箭喷出的火花”，大约持续了1分钟，然后很快消失了。”沃克指出：“在一些人看来，它是静止的；其他人则看得它时而向上运动、时而向下运动、时而水平运动。一个牧师曾说它像一盏白炽灯，看得见灯里面的闪烁运动。”

第一则书面报道刊登在1913年9月13日的《夏洛特每日观察家报》上。一伙渔夫报告说他们看见“每晚地平线上都会出现一个非常红的神秘亮光”。不久之后，美国地质测量局的斯特雷特对此进行了调查，他的结论为火车的头灯是产生亮光的原因。但是1916年前往该地的一个探险队员们发誓说，他们所见到的亮光的运动方式“绝对不像车头大灯”，例如他们会在溪谷中起伏运动。

后来发生的更多的目击和关于亮光原因的更多的争论，促使美国地质测量局的另一个科学家乔治·罗杰斯·曼斯菲尔德于1922年3月4日两次来到布朗山区。他对山脉进行了调查，采访过当地居民并且花了7个夜晚来亲自观测亮光。他的结论是44%的亮光同汽车有关，33%的亮光同火车有关，10%的亮光同其他静止亮光有关，10%的亮光同山火有关，只有剩余的3%亮光无法解释。他认为1916年的报告也许同萤火虫有关。

后来几年里，目击证人报告看见了更多的奇怪亮光。它们有的像“玩具气球”，有的像“雾蒙蒙的球体”，有的像“强力照明灯”，还有的像“火箭”。有几次当观测者靠近亮光的时候，他们听见了咝咝的声音。在1977年所做的一次试验中，有人在点燃了一道强烈的弧光，而在布朗山西边离亮光22英里（1英里≈1.61千米）远的某处有一群参与试验的观测者在等候。他们说原本蓝白色的光束在远处看上去像“在布朗山山峰顶上有一个橘红色的球在盘旋”。

这使调查者相信那些神秘亮光是由于远处的亮光发生折射产生的。然而，蓝岭山脉地区的亮光传说在火车、汽车和电灯发明之前很早就出现了。

所以，到目前为止，布朗山神秘的亮光还没有完全解释清楚，是个令人困惑的谜团。

无底洞之谜

在希腊亚各斯古城的海滨，有一个无底洞，它靠着大海，每当海水涨潮的时候，汹涌的海水就会排山倒海一样“哗哗哗”地朝着洞里边流去，形成了一股特别湍急的急流。

人们推测，每天流进这个无底洞的海水足足有3万多吨。可令人奇怪的是，这么多的海水“哗哗哗”地往洞里边流，却一直没有把它灌满。所以，人们曾经怀疑，这个无底洞会不会就像石灰岩地区的漏斗、竖井、落水洞一类的地形呀？那样的地形，不管有多少水都不能把它们灌满，不过，这类地形的漏斗、竖井、落水洞都会有一个出口的，那些水会顺着出口流出去。可是，希腊亚各斯古城海滨的这个无底洞，人们寻找了好多地方，做了各种各样的努力，却一直没有找到它的出口。

1958年，美国地理学会曾经派出一个考察队，来到希腊亚各斯古城海滨，想揭开这个无底洞的秘密。

考察队员们采用的是这么一种办

法：他们先把一种经久不变的深色染料放在海水里边，然后看着这种染料是怎么随着海水一块儿流进无底洞里边去。接着，考察队员们赶紧分头去观察附近的海面和岛上的各条河流、湖泊，看看有没有被这种染料染出颜色的海水。可是，考察队员们费尽了力气，察看了所有的地方都没有发现被染料染了颜色的海水。

奇怪，这是怎么回事呢？难道说是海水的量太大，把有颜色的海水稀释得太淡了，让人们根本看不出来吗？

考察队员们只好回去了，可是，他们一直没有甘心。过了几年以后，他们研究制造出来一种浅玫瑰色的塑料粒子，这种塑料粒子比海水稍轻一些，能够漂浮在水面上不沉底，也不会被海水溶解了。

这一天，考察队员们又来到希腊亚各斯古城海滨的那个无底洞。他们把 130 千克的塑料粒子都倒进了海水里。工夫不大，这些塑料粒子就顺着海水流进了无底洞。考察队员们心想："现在，哪怕只有一粒塑料粒子在别的地方冒出来，我们就可以找到'无底洞'的出口了，就可以揭开这个'无底洞'的秘密了。"

但是，结果又怎么样呢？考察队员们发动了好多人，在各地水域里整整寻找了一年多的时间，一颗塑料粒子也没有找到。

那么，这么多的海水流进无底洞，最后究竟流到什么地方去了呢？这个无底洞的洞口究竟在什么地方呢，一直到现在，它还是一个谜！

极光之谜

在我国东北的黑龙江北部，有时在万籁俱寂的夜晚，茫茫天穹中，蓦然出现一片红色绒幕。正当人们惊疑之际，它又突然变成一片蓝色草地。时而似蟒蛇游动，时而又似骏马奔驰；或者像山间燃起巨火；刀光剑影，旌旗变幻；或者像天神睁开了慧眼，光焰喷射，窥视人间……人们把这种在夜晚天空中出现的光怪陆离的奇景，称为极光。

美丽的极光

1982 年 6 月 18 日晚 10 时左右，在我国黑龙江和吉林西部以及内蒙古和河北北部地区，有人看见了这样一种极光。在北面天空离地平线不远处，先出现了一个月亮大小的半圆形乳白色光片，随后，光片呈扇形向东北方向逐渐扩大。约10时15分时，形成弧形光幕，边缘较亮，中部较暗，光幕内看不见星星。然后，弧形光幕继续扩大，亮度变暗，10时30分时光幕最大，约占天空1/5，而光幕内星星已能看见。大约10时50分，光幕大部分消失。大约10时58分，光幕全部消失。

极光在世界其他一些地方也出现过。在北半球能看见极光机会最多的区域是美国阿拉斯加北部，加拿大北部，冰岛北部，挪威北部，新西伯利亚群岛南部。相比之下，我国黑龙江北部能见到极光机会比上述地区少，并且主要是在3月、9月份左右，也即在春分和秋分前后才有。

极光是地球上最壮观的自然现象之一，但极光具有强大的破坏力。极光爆发期间，严重骚扰电离层，从而破坏短波无线电信号的传播，这时通讯、交通都会受到严重的影响。例如在美国，一个远在阿拉斯加的出租车司机，在极光强烈活动之际，竟收到来自本土东部的新泽西州调度员的命令；同时，监视横跨极地飞行器的预警雷达屏幕上，也突然出现虚假的图像。同时，极光不断变化可能会在输电线、电话线和输油管道等细长的导体中感生出强大的电流。受感生电流冲击，输油管道可能会发生严重的腐蚀。1972年，一次极光使哥伦比亚的一台23万伏变压器炸毁，还造成美国缅因州至德克萨斯州的一条高压输电线跳闸。

那绚丽多彩、威力无比的极光是怎样形成的呢？以往，科学家们一般认为：来自太阳的高能带电粒子，到达地球附近空间，一旦被地球捕捉，则受到地球磁场的控制，沿磁力线朝地磁极作螺旋下降，再与那里低密度的高层大气碰撞而放电发光。或者太阳出现黑子、耀斑、日珥等，组成太阳的物质还不断发生强烈的核反应，释放出大量的能量；太阳就向宇宙空间喷射出大量带电粒子，如质子、电子等，这些带电粒子像来自太阳的一股飓风，冲入地球范围后，由于地磁场的作用，它们便集中降落到南北地磁极附近的高空，高空大气中的各种气体原子、分子受到这些带电粒子的激发，便造成发光现象。那么，根据这种解释，极光就应该在磁极上空以某种“辉点”那样的形式出现。但是，情况却不是这样。极光并没有呈“辉点”的表现形式，而是在极区上空呈不规则的椭圆带幻象。这种情况不禁使人们对以往的一般解释产生了怀疑。究竟是怎么回事，还有待人们继续研究。

滚雷之谜

闪电是常见的自然现象，夏天暴风雨来临的时候，突然出现一道白光，紧接着就是轰隆隆的响声。闪电和响声，这是雷电的基本特征。在雷电发生的时候，还能看到它的形状，大多是“ㄋ”形，也有条状和片状，都是一闪而过，给人强烈的印象。

这是常见的闪电，还有一种奇特的闪电不是来去匆匆一闪而过，而是飘飘忽忽，缓慢地移动，能持续几秒钟，民间称它为“滚雷”，科学家叫它是“球状闪电”。球状闪电是一个无声的火球，直径大多在10～20厘米，消失的时候，可能有爆炸声，也可能无声无息。球状闪电不放白光，可能是红色、黄色，也可能是橙色，还有，它不一定出现在高空，也会出现在地面附近，甚至会穿过玻璃（不损坏玻璃）闯进建筑物，飘进密闭的飞机机舱。

1962年7月的一天，在泰山上，一个球状闪电穿过紧闭的玻璃窗，钻进一间民房，缓慢地在室内飘动，最后钻进了烟囱，在烟囱口爆炸，只炸掉烟囱的一个角。民房内，仅仅震倒一个热水瓶。

1981年1月的一天，球状闪电光顾了一架飞行中的“伊尔—18”飞机。这架前苏联的飞机从索契市起飞，刚飞到1200米的空中，一个球状闪电突然钻进了客舱，它只有10厘米大，却发出一声震耳欲聋的爆炸声。奇怪的是，人们原以为球状闪电已经消失，谁知几秒钟后，它又重新出现，惊呆了的旅客看着这个“球”在头顶飘忽，到达后舱时裂成两个半月形，随后又合到一起，发出不大的声音而消失了，担心的驾驶员立即驾机降落，发现飞机头部和尾部各有一个大窟窿，除此以外没有任何损害，乘客也没有受到伤害。

在欧洲，一个雷声隆隆的夜晚，有人看到一个黄色的火球从树上滚下来，黄色变蓝色，蓝色变红色，越滚越大，落到地面，一声巨响，变成三道光，向3个方向飞去，其中一道光击倒了一个人。

1989年，我国青岛的黄岛油库，就是由于球状闪电的爆炸，引起了油罐的大爆炸。

200多年前，俄国科学家里奇曼研究雷电，重复富兰克林的风筝实验，没料想一个球状闪电脱离避雷针，无声无息地飘在实验室内。这个只有拳头大的火球在靠近里奇曼脸部的时候，突然爆炸。里奇曼立即倒地死去，脸上留下了一块红斑，他的一只鞋被打穿了两个洞。

球状闪电是怎么形成的？

到今天为止，还只能说“不知

道”。曾经有科学家做过一些解释，但还没有统一的看法，至少有 4 种看法。

有一种看法是美国科学家提出来的，他们在北美洲平原拍下了了 12 万张闪电照片，得出一个看法：球状闪电是从常见的闪电末端分离出来，是一些等离子体凝结而成的。

第二种看法是前苏联科学家提出来的。大气物理学家德米特里耶夫有一次巧遇，1956 年，他在奥涅加河边度假。他休息也不忘收集资料，因此在背包里总是放着一些烧瓶，以便随时采集空气样品。有一天傍晚，遇上了暴风雨和雷电，突然他看到一个淡红色的火球，在离地面一人高的地方朝着他滚来，火球边缘放出黄色、绿色和紫色的小火花，发出“噗噗”的声音。火球滚到他眼前，拐了个弯，向上升起，滚到树丛中去了。在树丛上，急速地转了几个圈，很快就消失了。德米特里耶夫由于职业的敏感，立即采集了球状闪电经过的地方的空气，拿到实验室一分析，知道空气里的臭氧和二氧化氮增加了。

于是，有些科学家就做了一些理论分析，估计球状闪电内部的温度达到 1500℃～2000℃，在这样的温度下，空气中的氮的性质发生了变化。从不活泼变得活泼起来，并能与空气中的氧生成二氧化氮。同时，在 2000℃的高温下，也容易形成臭氧，臭氧很不稳定，又分解开来并放出能量，空气的温度迅速上升，人们就看到了火球。实验证明，这两种气体同时存在的时间，在 14～2400 秒。这种说法可以归结为空气中存在着发光气体。

还有两种看法是：等离子层内的微波辐射；空气和气体活动出现反常。

究竟哪种说法对或者更接近事实，抑或都不对，另有玄机，有待继续调查研究。

北纬线 30 度线之谜

在地球北纬 30 度线附近，有许多特别神秘和有趣的自然现象，许多年来，一直困惑着人们。

埃及的尼罗河、伊拉克的幼发拉底河、中国的长江、美国的密西西比河等著名的河流都在北纬 30 度附近入海，而地球最高的珠穆朗玛峰和最深的西太平洋马里亚纳海沟，也在北纬 30 度附近。

令人惊叹的是，就是在这一纬度上，有着许多奇妙景观，仿佛大自然的匠心独创。就我国而言，在北纬 30 度线上，有钱塘江壮观的大潮；有被称为“归来不看岳”的安徽的黄山；有秀美的江西庐山；有四大佛教名山之一的四川峨眉山等等。

然而，它也是飞机经常出事的多空难地带，真不知什么原因。最令人感到神秘的是，在这一纬度上，还有许多解不开的自然之谜，它们有：恰好建在地球大陆重力中心的古埃及金字塔和狮身人面像，神秘莫测的北非撒哈拉大沙漠、达西里的“火神火种”壁画、太平洋姆大陆沉没、恐怖的百慕大三角区、我国四川省自贡市大批恐龙的灭绝……

为什么北纬30度线这么怪、这么有趣而神秘呢？

对于神秘的北纬30度线之谜，有人认为这是人为制造的。他们认为，有许多被称为神秘的地方，严格地说并不在北纬30度附近。还认为，如果用一把尺子在地图上量，熟悉历史、地理的人会在任何一条纬度线上发现许多“神秘”之处。

以北纬25度为例，便举出这样一些事例：

有伊斯兰教、佛教、印度教的圣地。

有猿人化石发现地中国元谋。

有百慕大三角区和沉没的大西洲。

有桂林山水、路南石林、滇池洱海、腾冲温泉。

有能传出鼓乐之声的广西融水龙潭，有发现自然铝（含量达96%）的广西贺县。

以上这些地方都偏离25度线不到1度。

如果抛开纬度，在任何经度线（环球）上也都含有许多“神秘”之处，因此，不要把北纬30度线之谜的东西当做什么重大发现而疑神疑鬼。

这样解释北纬30度神秘之处你能接受吗？

而与之相邻的北纬40度线，则又成为一条令人恐怖的地震死亡线。在这里及其附近的地区，除了存在欧亚地震带外，它还是环太平洋地震带的涉足之处。同时，由于这里文化发达，人口稠密，存在着许多大、中城市，如北京、天津、平壤、安卡拉、马德里、里斯本、旧金山等，使这里所发生的地震都具有很大的灾难性。

在这一地区所发生的灾难性地震，除唐山大地震以外，死亡在2000人以上者或震级在7级以上的地震，就曾发生过几十次。如：日本三陆的8级地震，葡萄牙里斯本的两次8级地震，土耳其埃尔津詹的8级地震，美国旧金山的8.3级地震，意大利拉坦察的9.8级地震都给人类造成了严重的灾害，其程度远远超过了世界上其他地区的地震灾难。因此，这北纬40度线被人们称为“地震恐怖线”。

这是巧合还是有着有别于他处的神秘之处，人们期待做出科学的回答。

奇异的植物“心灵感应”

我们多多少少听说过发生在人与人之间“心灵感应”的事情，其实不但人与人之间，人与植物之间，植物与植物之间也存在这种“心灵感应”。科学家发现，从某株植物上切下的树枝在地下生根后，新生的植物可从“母体”的射线获得营养。如果把母体植物连根焚烧掉后，他们发现没有母亲的树，就不如那些“母体”还健在的树长得那么旺盛。母体植物即使离其子树很远，也能为其提供“保护”，母树可以在另一个城市、另一个国家或在地球上的任何天涯海角。

英国一位名叫伯纳德·格拉德的科学家曾做过这样一个实验：他从医院里挑选了一位患神经反应迟钝症的26岁妇女，一位患精神忧郁症的37岁男子，还有一位52岁的健康的男子，让他们每人握一杯水，握30分钟，然后用3杯水浇灌植物，看哪个长得更快一些。他发现，用正常的人握过的水浇灌的大麦的生长速度，明显快于神经病患者握过的水或普通水浇灌的大麦，浇灌了精神病人握过的水的大麦长得最慢。奇怪的是，浇了神经病患者握过的水的植物，比浇了未经任何处理的正常水的长得要快一些。格拉德注意到，当精神病患者手握密封的水瓶时，他没有任何反应或表情。可神经病患者握瓶时，她立即询问这样做要干什么。当被告之后，他的反应是对此感兴趣。所以，她像妈妈对待孩子似的把瓶子放在膝盖上，慢慢地摇晃着。他得出结论说：“获得这一实验结果的重要因素，并非她的基本身体状况，而是她握住瓶子时的情绪。”他指出，处理这种溶液时的压抑、急躁或敌对的情绪，都会使该溶液阻碍植物细胞的增长。

植物麻醉之谜

病人动手术之前要进行药物麻醉，使神经系统失去应有的敏感性，这样开刀时就不会感到痛苦。最近科学家们发现，植物也有“神经系统”，那么，用于人体的麻药，是否也会使植物麻醉而失去感觉呢?

为了找出这个答案，法国和德国的几位生理学家，选用乙醚和氯仿等普通麻醉药，对含羞草进行了麻醉实验。结果，那些“服用”过麻醉药的含羞草，不论怎样用手触摸，那些原来很敏感的叶片，这时却像着了魔似地无动于衷。过了一段时间后，也许是麻药效果消失，它才重新恢复了敏感性。看来，植物也会被麻醉，而且在麻醉剂的浓度、麻醉起作用和消退的时间方面，与动物的反应很相似。

后来科学家又发现，许多其他植物也有类似情况。比如，一种小檗属植物的雄蕊有敏感的“触觉”，但经过吗啡处理后，就会变得麻木不仁。还有食虫植物捕蝇草，经过乙醚麻醉药的喷洒，虽然知道可口的小虫子已落入自己陷阱般的叶子里，但已无力合拢，只能眼睁睁地看着美味佳肴从眼皮下逃走。

植物是怎样被麻醉的呢？植物麻醉过程与动物很相似，它们都是通过细胞膜的离子来传递电冲动。当植物受到麻醉后，细胞膜结构被破坏，“神经”传递就被阻断了。

目前，关于植物麻醉还有许多谜未解开，尤其令人不可思议的是，本身充满麻醉剂的罂粟，即制造鸦片的植物，为什么不被自己的麻醉剂所麻醉呢？

植物的“语言”之谜

在人们的眼里，植物似乎总是默默无语地生活着。

但是，在20世纪70年代，一位澳大利亚科学家发现了一个惊人的现象，那就是当植物遭到严重干旱时，会发出“咔嗒、咔嗒”的声音。后来通过进一步的测量发现，声音是由微小的“输水管震动”产生的。不过，当时科学家还无法解释，这声音是出于偶然，还是由于植物渴望喝水而有意发出的。如果是后者，那可就太令人惊讶了，这意味着植物也存在能表示自己意愿的特殊语言。

不久之后，一位英国科学家米切尔，把微型话筒放在植物茎部，测听它是否发出声音。经过长期测听，他虽然没有得到更多的证据来说明植物确实存在语言，但科学家对植物“语言”的研究，仍然热情不减。

1980年，美国科学家金斯勒和他的同事，在一个干旱的峡谷里装上遥感装置，用来监听植物生长时发出的电信号。结果发现，当植物进行光合作用，将养分转换成生长的原料时，就会发出一种信号。了解这种信号是很重要的，因为只要把这些信号译出来，人类就能对农作物生长的每个阶段了如指掌。

金斯勒的研究成果公布后，引起了许多科学家的兴趣。但他们同时又怀疑，这些电信号的“植物语言”，是否能真实而又完整地表达出植物各个生长阶段的情况，它是植物的“语言”吗？

1983年，美国的两位科学家宣称，能代表植物“语言”的也许不是声音或电信号，而是特殊的化学物质。因为他们在研究受到害虫袭击的树木时发现，植物会在空中传播化学物质，对周围邻近的树木传递警告信息。

英国科学家罗德和日本科学家岩尾宪三，为了能更彻底地了解植物发出声音的奥秘，特意设计出一台别具一格的“植物活性翻译机”。这种机器只要接上放大器和合成器，就能够直接听到植物的声音。

这两位科学家说，植物的“语言”真是很奇妙，它们的声音常常伴随周围环境的变化而变化。例如有些植物，在黑暗中突然受强光照射时，能发出类似惊讶的声音。当植物遇到变天刮风或缺水时，就会发出低沉、可怕和混乱的声音，仿佛表明它们正在忍受某些痛苦。在平时，有的植物发出的声音好像口笛在悲鸣，有些却似病人临终前发出的喘息声，而且还有一些原来叫声难听的植物，当受到适宜的阳光照射或被浇过水以后，声音竟会变得较为动听。

人类正在逐步揭开植物“语言”的奥秘。

植物的“喜怒哀乐”之谜

人有感情，许多动物有感情，植物是否也有感情呢？科学家们经过研究发现，植物也有着丰富的感情，并且同人类一样，在成长过程中会受到感情的影响。可是，植物既不会发声，也不会活动，科学家是怎样知道植物的喜怒哀乐的呢？

那是在1966年2月的一天上午，有位名叫巴克斯特的情报专家，正在给庭院的花草浇水，这时他脑子里突然出现了一个古怪的念头，也许是经常与间谍、情报打交道的缘故，他竟异想天开地把测谎仪器的电极绑到一株天南星植物的叶片上，想测试一下水从根部到叶子上升的速度究竟有多快。结果，他惊奇地发现，当水从根部徐徐上升时，测谎仪上显示出的曲线图形，居然与人在激动时测到的曲线图形很相似。

难道植物也有情绪？如果真的有，那么它又是怎样表达自己的情绪呢？尽管这好像是个异想天开的问题，但巴克斯特却暗暗下决心，通过认真的研究来寻求答案。

巴克斯特做的第一步，就是改装了一台记录测量仪，并把它与植物相互连接起来。接着，他想用火去烧叶子。就在他刚刚划着火柴的一瞬间，记录仪上出现了明显的变化。燃烧的火柴还没有接触到植物，记录仪的指针已剧烈地摆动，甚至超出了记录纸的边缘。显然，这说明植物已产生了强烈的恐惧心理。后来，他又重复多次类似的实验，仅仅用火柴去恐吓植物，但并不真正烧到叶子。结果很有趣，植物好像已渐渐感到，这仅仅是威胁，并不会受到伤害。于是，再用同样的方法就不能使植物感到恐惧了，记录仪上反映出的曲线变得越来越平稳。

后来，巴克斯特又设计了另一个实验。他把几只活海虾丢入沸腾的开水中，这时，植物马上陷入到极度的刺激之中。试验多次。每次都有同样的反应。

实验结果变得越来越不可思议，巴克斯特也越来越感到兴奋。他甚至怀疑实验是否正确严谨。为了排除任何可能的人为干扰，保证实验绝对真实，他用一种新设计的仪器，不按事先规定的时间，自动把海虾投入沸水中，并用精确到1/10秒的记录仪记下结果。巴克斯特在3间房子里各放一株植物，让它们与仪器的电极相连，然后锁上门，不允许任何人进入。第二天，他去看试验结果，发现每当海虾被投入沸水后的6～7秒钟后，植物的活动曲线便急剧上升。根据这些，巴克斯特指出，海虾死亡引起了植物的剧烈曲线反应，这并不是一种偶然现象。几乎可以肯定，植物之间能够有交往，而且，植物和其他生物之间也能发生交往。

巴克斯特的发现引起了植物学界的巨大反响。但有很多人认为这难以令人理解，甚至认为这种研究简直有点荒诞可笑。其中有个坚定的反对者麦克博士，他为了寻找反驳和批评的可靠证据，也做了很多实验。有趣的是，他在得到实验结果后，态度一下子来了个大转变，由怀疑变成了支持。这是因为他在实验中发现，当植物被撕下一片叶子或受伤时，会产生明显的反应。于是，麦克大胆地提出植物具备心理活动，也就是说植物会思考，也会体察人的各种感情。他甚至认为，可以按照不同植物的性格和敏感性对植物进行分类。就像心理学家对人进行的分类一样。

人们对植物情感的研究兴趣更趋浓厚了。科学家们开始探索“喜怒哀乐”对植物究竟有多少影响。但现在科学家对植物的这种功能的了解还只是处于初级阶段，要想彻底了解，还需要科学家们的努力。

植物血液和血型之谜

人有血液，动物有血液，难道植物也有血液吗？有的。在世界上许多地方，都发现了洒“鲜血”和流“血”的树。

我国南方山林的灌木丛中，生长着一种常绿的藤状植物——鸡血藤，总是攀援缠绕在其他树木上。每到夏季，便开出玫瑰色的美丽花朵。当人们用刀子把藤条割断时，就会发现，流出的液汁先是红棕色，然后慢慢变成鲜红色，跟鸡血一样，所以叫“鸡血藤”。经过化学分析，发现这种“血液”里含有鞣质、还原性糖和树质等物质，可供药用，有散气、去痛、活血等功用。它的茎皮纤维还可制造人造棉、纸张绳索等，茎叶还可做灭虫的农药。

南也门的索科特拉岛，是世界上最奇异的地方，尤其是岛上的植物，更是吸引了世界各地的植物学家。据统计，岛上约有 200 种植物是世界上任何地方都没有的，其中之一就是“龙血树”。它分泌出一种像血液一样的红色树脂，这种树脂被广泛用于医学和美容。这种树主要生长在这个岛的山区。关于这种树，在当地还流传着一种传说，说是在很久以前，一条大龙同这里的大象发生了战斗，结果龙受了伤，流出了鲜血，血洒在这种树上，树就有了红色的“血液”。

英国威尔士有一座公元 6 世纪建成的古建筑物，它的前院耸立着一株有 700 多年历史的杉树。这株树高 7 米多，它有一种奇怪的现象，长年累月流着一种像血液一样的液体，这种液体是从这株树的一条 2 米多长的天然裂缝中流出来的。这种奇异的现象，每年都吸引着数以万计的游客。这颗杉树为什么流“血”，引起了科学家们的注意。美国华盛顿国家植物园的高级研究员特利教授对这棵树进行了深入研究，也没找到流“血”的原因。

会流“血”的植物，流出的真是血吗？不是血液又是什么？这些都有待进一步研究。

说来有趣，关于植物的血型，竟是日本一位搞警察工作的人发现的。他的名字叫山本，是日本科学警察研究所法医，第二研究室主任。他是在 1984 年 5 月 12 日宣布这一发现的。

植物的血型，是在偶然一次机会中发现的。一次，有位日本妇女夜间在她的居室死去，警察赶到现场，一时还无法确定是自杀还是他杀，便进行血迹化验。经化验死者的血型为 O 型，可枕头上的血迹为 AB 型，于是便怀疑是他杀。可后来一直未找到凶手作案的其他佐证。这时候有人提出，枕头里的荞麦皮会不会是 AB 型呢？这句话提醒了山本，他便取来荞麦皮进行化验，果然发现荞麦皮是 AB 型。

这件事引起了轰动，促进了山本对植物血型的研究。他先后对 500 多种植物的果实和种子进行观察，并研究了它们的血型，发现苹果、草莓、南瓜、山茶、辛夷等 60 种植物是 O 型。珊瑚树等 24 种植物是 B 型，葡萄、李子、荞麦、单叶枫等是 AB 型，但没找到 A 型的植物。

根据对动物界血型的分析，山本认为，当糖链合成达到一定的长度时，它的尖端就会形成血型物质，然后合成就停止了，也就是说血型物质起了一种信号的作用。正是在这时候，才检验出了植物的血型。山本发现，植物的血型物质除了担任植物能量的贮藏物外，由于本身黏性大，似乎还担负着保护植物体的任务。

植物有体液循环，植物体液也担负着运输养料、排出废物的任务，体液细胞膜表面也有不同分子结构的型别，这就是植物也有血型的秘密所在。

但植物体内的血型物质是怎样形成的，至今还没有弄清其原因。植物血型对植物生理、生殖及遗传方面的影响，也还都没有弄明白。

植物向太阳之谜

葵花向太阳，这是人们司空见惯的现象。其实向太阳的岂止是葵花，几乎所有的植物都具有趋光性。这是什么道理呢？

最早对这一问题进行研究的，是英国生物学家达尔文。他曾用草芦做过这样一次实验：把这种植物放在室内，就会很明显地发现，它的幼芽向有阳光的一面弯去。如果让幼芽见不到阳光，或将顶芽切一段，它就不再伸向有阳光的方向。植物为什么会这样？还没等达尔文把这一奥秘揭示出来，便离开了人世，给人们留下了一个未解之谜。

德国植物学家苏定经研究发现，植物的趋光与否，全是由幼苗的顶芽来决定的。他在1909年曾做过这样一个实验：把野麦幼苗的顶芽切去，它就不向光了；如果把顶芽接上，它就又奔向阳光。所以他断定，在顶芽里，一定有种指挥植物趋光的东西，可这种东西是什么呢？

原来起到这种作用的，是一种名叫吲哚乙酸的植物生长素。这是美国植物生理学家弗里茨·温特在1926年发现的。他让植物的芽鞘一面得到阳光的照射，一面得不到阳光的照射，发现芽鞘逐渐弯向了有阳光的一面。由此，他便从芽鞘里分离出了植物生长素——吲哚乙酸。经科学家的研究发现，这种化合物是怕见阳光的。所以，当阳光照射的时候，它便跑到了没有阳光的一面，结果促进了遮阴部分生长加快，受光部分则生长缓慢。由于重力的作用，植物便弯向了有阳光的一面。

也有人从不同角度来研究植物的趋光性。美国德克萨斯州立大学的学者斯坦利·鲁认为，在阳光的作用下，植物的生长点内发生了细胞的电极化，向阳面获得的是负电荷，背阴面则产生了正电荷。带有负电荷的植物生长素便向带正电荷的背阴面转移，结果促进了背光面的快速生长，便形成了向光弯曲。

美国俄亥俄州立大学的科学家迈克尔·埃文斯又提了一种与众不同的观点，认为对植物的生长方向起着重要作用的是无机钙。植物的向光性弯曲，是因为胚芽里含有大量的无机钙所致。

关于植物的趋光性问题，科学家们还在继续探讨，做结论还为时尚早。这个谜一旦被彻底揭开，人们对植物的认识就会又跃上一个新台阶。

动物缘何有惊人的记忆力

动物是否有记忆力？这是长期以来颇具争议的问题。按照传统的医学生理常识，记忆的基础是高级思维，记忆不仅是储存信息，而且是整理信息，以便能输出信息，为此人们将记忆视为人类的特有功能。然而，一系列的事实又证明某些动物确实有惊人的记忆力，且不说较高等的动物海豚、黑猩猩等，即使是较低等的动物老鼠、螃蟹、海龟、蟾蜍、星鸦、沼泽山雀也都具有记忆力。比如，老鼠能走出迷宫；海龟、蟹群、蟾蜍能准确无误地重复前辈的路线去产卵；而具有贮藏食物本能的沼泽山雀和星鸦，总能准确地找回自己很久以前埋藏的食物；如何解释这种现象呢？是先天的本能还是后天的记忆？是参照了环境的特点，还是根据气味信息？

很显然，单用“本能行为”或“条件反射”的含糊解释，是不能完全回答上述问题的，动物中确实存在记忆力的问题，只是有些动物的记忆基础还未完全认识清楚。为了揭示这其中的奥秘，科学家们做了大量的实验和研究，已找到了某些动物的记忆基础。如海龟的记忆基础是气味；蟹群的记忆基础是行星与地磁的位置；而星鸦的记忆力是借助于贮藏区地貌特点。然而，仍有一些动物的记忆基础令人迷惑不解。

例如蟾蜍，为了繁殖，在冬眠以后会集体向池塘进发，有时这一征途竟有几百米之远。令人不可思议的是，如果蟾蜍在进发途中遇到了其他池塘，那蟾蜍并不会就近跳入这些池塘中产卵繁殖下一代，它们会向特定的池塘艰难爬去。事实证明，蟾蜍进发的产卵之途，恰恰是它们前辈的产卵之途，而且这些池塘也是临产蟾蜍的出生之地。最初人们推测，蟾蜍的记忆基础也与气味，或行星和地磁有关，然而日本早稻田大学石居进教授的实验却否定了这一推测，石居进将临产蟾蜍放在繁殖池塘对面稍远的地方，则蟾蜍再也不会返身向此池塘行进，它们会迷失方向，这是为何？至今还是个谜，有待今后的进一步研究。

为了揭开英国沼泽山雀记忆的奥秘，人们做了一系列的实验：在一座大房子里放置了 12 株树枝，每株树枝上都钻了一些大小正好容纳 1 颗大麻籽的小洞，总数为 100 个，每个洞上塞着一块小布团，鸟儿为了贮藏或者寻找大麻籽，必需首先起走塞着的布团。

第一个实验是让一只沼泽山雀从房间中央地板上的一个碗内，叼了12颗大麻籽去贮藏。由于受洞大小的限制，每颗种子都必须藏在不同的洞中。等大麻籽藏好，就把山雀关到房外，过了2.5小时，再放进来，让它寻找贮藏着的大麻籽。大家清楚，如果这种寻找完全是盲目的话，那么就需要大约搜索8个洞才能找到1颗种子。而实际上，沼泽山雀只探查24个洞，便找到了其中的10颗种子，即平均2.4次就有一次命中的机会。可见这远非机遇类假设所能解释的。

有人推测，这可能与气味有关，于是又设计了第二个实验。

这一次在同样的树枝上，首先让沼泽山雀把13颗种子贮藏起来，随后又人为地把贮藏好的种子转移到别的洞中，然后让沼泽山雀进来寻找。在它探索的24个洞穴中，其中11个是原先用来贮藏种子的（现有已成为空洞），和第一次实验的成绩不相上下。如果以实际找到的种子而论，这一次总共只有4颗，即平均每搜寻6个洞才得到1颗，和机遇的概率颇为接近，可见沼泽山雀的确不是依气味探寻贮藏物。为了进一步验证鸟类是凭记忆力贮藏食物，人们又设计了第三个实验。

这一次首先让沼泽山雀贮藏好第一批种子，然后相隔两个小时，再放进房间里，让它贮藏第二批种子。如果沼泽山雀记住了哪些洞里已经装有种子，那么在贮藏第二批时，就会避开那些已经装着种子的洞穴，如果记忆不起作用，而仅仅凭偏爱或随机地寻找洞穴，那么就会出现重复事故。

可是鸟儿在贮藏第二批种子时，几乎从不去探寻已经贮藏着种子的树洞。它的确记忆了哪些洞是已经藏有食物的，哪些洞是还没有利用的。

然而，沼泽山雀的记忆基础是什么，还有待于进一步探寻。

目前，动物的记忆力已成为各国科学家感兴趣的研究课题。研究对象也扩大到蜘蛛、章鱼、马、银粉蛇、蜜蜂、乌鸦等等。

科学家们发现，动物的记性，与存在于脑中的核糖核酸、乙酰乙酯等物质有关。这种核糖核酸可以抽取注射，因此动物的记忆力也可以转移。世界著名的神经化学家乔治·昂加尔认为：动物的记忆力是一种具有化学物质的特性，由细小的蛋白质分子有序排列组合而成。他通过训练大白鼠受电击时发生的恐怖情绪使之产生记忆力，然后把这种恐怖记忆物质抽取出来，又注射到另一只大白鼠身上，它不经电击就产生出那种恐怖的情绪，说明前者的记忆力已被后者继承了。

综上所述，有关动物记忆力还有

许多未解之谜有待于我们去寻求答案。

动物的"禁圈"之谜

在我国东北的大兴安岭林海深处，生活着一种既像紫貂、又似黑熊的动物，这就是貂熊。它有一个异乎寻常的本领，每当饥饿时，它会用自己的尿在地上撒一个大圈，凡是被圈入圈中的小动物如中魔法，竟不敢越出圈外，只能待在圈内一动不动，乖乖地等待貂熊来捕食。更为奇怪的是，圈外的豺狼虎豹等野兽，也不敢撞入圈内。因此这个"禁圈"具有了捕食与自卫的双重职能。

然而，貂熊的尿液中究竟含有什么成分？为何具有如此的魔力？至今还是个谜。

科学家们发现，从脊椎动物的鱼、鸟到种类繁多的哺乳动物，甚至某些无脊椎动物都有画圈本领。

雄性棘鱼平时是成群生活的，但到春天棘鱼繁殖时期，它们的性格就会发生重大变化。一条雄棘鱼会撵走附近的其他雄棘鱼，把周围适当场所圈占，成为"圈主"，并在其中筑巢。若其他雄棘鱼游近时，对圈占界线监视甚严的这条"圈主"便立刻竖起背脊上的棘，迎上去决斗，以捍卫自己的"领土"。格斗是在圈占的边界附近进行，"圈主"很少游过边界进行追击，不过并不是所有棘鱼都不能进入圈内，画圈的雄棘鱼只攻击外来的雄鱼，而对外来的雌性棘鱼却格外欢迎，它们能友好相处，从不攻击，真是典型的"同性相斥，异性相吸"。

有人曾目击一条1米多长的麻蛇顺葡萄藤滑行而来，这时一只黄鼠狼突然窜出，绕蛇一圈，然后退去，蛇立即停止滑行，待在原地吐舌头。几分钟后，5只黄鼠狼相继窜来，各叼一段蛇肉扬长而去。

田螺也有这种"特异功能"。曾有人报道，水田中一只田螺绕螃蟹画了一圈，这只螃蟹便待着不动了。几天后螃蟹腐烂，终于成了田螺的美食。

动物的"怪圈"生动有趣，其间奥秘令人不解。不过从大量的事实可以看出，画圈并不是动物对空间本身的欲望，而是根据生活需要产生的一种本能。它们或是像貂熊一样，通过画圈以取得食物，并保证摄食的安定性；或是像雄棘鱼一样，通过圈占以招徕异性，进而生儿育女，繁殖后代。

总之，动物具有这种深刻生态学价值的本能，是需要我们今后进一步研究的。

始祖鸟之谜

1861年秋天，在德国南部一个叫索尔霍芬的地方，内科医生卡尔·哈白林发现一处石灰石岩壁上，有一块奇特的石头，表面刻着一幅画，画中像是一只小动物，大小跟乌鸦差不多。它的头特别像蜥蜴，两颚长着锯齿一样的牙齿，细长的尾巴是由许多尾椎骨串连成的，活像爬行动物鳄的骨骼。可它又带着飞翼和羽毛的印痕。这到底是什么怪物呢？

哈白林医生和在场的人看了又看，谁也琢磨不定。最后干脆把这块石头从青色的石灰岩中凿了出来，送到了动物学家那里，也好弄个明白。

石块送到学者们的书桌上，望着这只奇特石头动物，他们一时谁也叫不出它的名字来。

在研究过程中，一位学者从《物种起源》一书中得到启示：英国生物学家查尔斯·达尔文认为，动物是在适应自然环境的过程中进化来的。这位学者兴奋地告诉同事们：

"你们看，这种动物既保持着爬行动物的特征，又具备鸟类的特点，它是不是鸟类的祖先呀？"

别的动物学家也赞同他的看法，最后终于得出了结论：这是一块古鸟的化石。人们把形成这块化石的古鸟取名叫"始祖鸟"，意思是"羽翼之始"。并且通过对它形态特征的分析，认定鸟类是由爬行动物进化而来的。

据科学家们考证，始祖鸟生活的年代，离现在大约有1亿5千万年了。这种古鸟具有爬行类动物向鸟类动物过渡的形态。它身上有爬行类动物的许多特点：有牙齿，尾巴是由18～21个分离的尾椎骨构成的，前肢有3枚分离的掌骨，指端有爪。但它又有羽毛和翼，后足有4个脚趾，三前一后，这是鸟类的特征，所以又像鸟。动物学家们把始祖鸟的户口上在了"鸟纲"下面的"古鸟亚纲"里。

始祖鸟真的是鸟类最早的祖先吗？

后来有人对这个定论提出了疑问：他们认为，由体温不恒定、没有羽毛的爬行动物，进化到恒温热血、有羽毛的鸟类，应该是一个漫长的过程，并不是说变就变的。这些动物学家推测，在始祖鸟之前，还应该有更早的鸟类，始祖鸟不可能是最原始的鸟。他们还指出，由始祖鸟进化到种类众多的现代鸟类，这中间相距的时间也显得太短了。

就在这些学者苦于找不到比原始鸟更早的鸟类化石来证明人们的推测的时候，传来了一个好消息：美国得克萨斯州工业大学的古生物学家查特吉，在波斯特城附近，离现在2500万年的地层中，发现了两只古鸟的化石。这个发现，使学者们欣喜若狂，因为它证实了他们的推测是正确的。

这两只古鸟生活的年代，比始祖鸟生存的年代整整早750万年！管它们叫鸟类的祖先才是当之无愧的。因此，古生物学家们给它们取名叫“原鸟”，就是“祖先鸟”的意思。

祖先鸟的个子跟乌鸦差不多，与始祖鸟相比，它更像现在的鸟类。它有细长的前肢、龙骨状的胸骨，头骨跟现代鸟类一模一样，而且颌的背部已经没有牙齿。只是它还遗留着一些爬行类动物的特征，如颌的前边还有4颗牙齿，有一条长尾巴和带爪的指。

但也有人提出了疑问，既然新发现的祖先鸟比始祖鸟出现得早，它为什么更像现代鸟？这又怎么解释呢？古生物学家查特吉认为，祖先鸟可能是现代鸟类的直接祖先，所以进化得比较快。它们是鸟类进化过程中的正源。它们好比是一棵大树的主干，而始祖鸟也许只是这棵大树的一条分枝，所以才没有什么发展。

鸟类的祖先就是祖先鸟吗？现在还不能这样下结论。当发现祖先鸟化石的消息刚公布的时候，就有人表示怀疑，美国耶鲁大学古生物学家奥斯特朋指出，祖先鸟化石是“一个离奇的和不大可能的发现”，因为鸟类的骨骼很脆弱，是很难如此完好的。这位教授怀疑它根本就不是鸟类的化石。

看起来，鸟类起源的研究还得继续进行下去。

鸟类的祖先是怎样飞起来的

我们每天都能看到鸟儿在天空自由飞翔。但有这样一个问题很难回答，这就是最早的鸟儿是怎样飞起来的？

这个问题看起来简单，但它困扰了人们100多年，直到现在还没有一个确定的看法。

自从发现始祖鸟的化石以后，一连串的问题就摆在了科学家们面前：

爬行类动物是怎样进化为鸟类的？

这种爬行动物最早是栖息在树上的，还是生活在陆地上的？

1984年，国际始祖鸟会议在德国巴伐利亚洲的埃希塔特召开，这儿正好离始祖鸟化石出土的地方不远。在这次会议上，科学家们对前边讲的问题进行了讨论。

大部分科学家都认为：始祖鸟的祖先原来是栖息在树上的爬行动物。人们把这种观点称为“树栖理论”。美国哥伦比亚大学的沃尔特·博克教授是这一理论的提出者。他认为，树栖的爬行动物先是借助于滑翔，在树枝之间窜来跳去，后来随着进化，这样的滑翔就渐渐演变成了用翅膀飞翔。

但亚利桑那大学的吉罗德·卡波尔教授不同意这个见解。他认为滑翔演变成飞翔的说法在空气动力学上说不通。他拿飞松鼠做例子，它只能滑翔，不能飞翔，它一旦拍翅飞翔，就会马上掉下来。因此，这位教授提出了与“树栖理论”相对立的“陆栖理论”。他认为始祖鸟的祖先是陆栖爬行动物，它们为了捕食昆虫经常跳跃，经过漫长的岁月，前肢渐渐进化成了原始的翅膀，逐渐获得了飞翔的能力。

在热烈的讨论中，虽然“树栖理论”在空气动力学上遇到了麻烦，却在重力法则上找到了依据。坚持这一理论的科学家认为，爬行动物在树上顺着重力势飞翔，要比在地面上逆着重力往上飞更合乎道理。陆地上的爬行动物跑得再快，也是飞不起来的。

“陆栖理论”的支持者认为，始祖鸟的后肢表明它是适合陆地生活的。

“树栖理论”的支持者却反驳说，始祖鸟前肢上的爪更接近飞松鼠和其他树栖爬行类动物。

坚持“陆栖理论”的学者也不甘示弱。他们指出，始祖鸟身上的羽毛就是从爬行动物的鳞片进化来的，这是“陆栖理论”的又一个有力证据。

但“树栖理论”认为，树栖爬行动物进化出的羽毛，是为了能在树枝上跃得更远。

而有的科学家却不同意这种推测。他们认为，始祖鸟前肢上的羽毛是为了防止热量散失的。

到目前为止，这两种理论谁也说不服谁。所以，最早的鸟儿是怎样飞起来的？现在仍然是一个谜。

科学家们期待着有更丰富的化石出土，以早日揭开这个千古之谜。

种子寿命由什么决定

关于种子的寿命问题，在国际科学界还引起过一场辩论。争论的焦点是在埃及金字塔中发现的小麦种子。过去曾经传说，金字塔里发现了休眠2000年的小麦种子，播种之后依然发芽生长。一些科学家认为这是世界上最长寿的种子，而另一些科学家却不同意这种看法。经过后来的仔细调查研究，才弄清这是一个奸商搞的骗局。现在，国际科学界一致公认，在中国发现的古莲子才是最长寿的种子。

植物种子的寿命是长短不一的，一般来说，能够保持15年以上生命力的，已经算是长寿的种子了。除了古莲子以外，世界上寿命最长的种子也没有超过200年的。

古莲子的寿命为什么会这样长呢？

你别以为种子待在那儿一动不动，都是“死”的。其实，种子在离开它的“妈妈”以后，就有独立的生活能力了。在种子里，有堆满营养物质的仓库。种子，能够忍受严寒与酷热，它里面的细胞，一直在顽强地活着，不停地进行呼吸。影响种子寿命长短的另一个原因，是它成熟前后和贮藏期间的环境条件。例如在干燥、低温和密闭的贮藏条件下，种子里胚的活动力特别低，新陈代谢差不多处于停顿状态，过着休眠的生活。这样一来，许多植物的种子在理想的贮藏条件下，就能在较长的岁月里保持着潜在的生命。

莲子的条件就更好了。它是一种小小的坚实果实，种子外面的果皮是一层坚韧的硬壳，它的果皮组织中有一种特殊的栅状细胞，胞壁由纤维素组成，果皮完全不透水，所以挖掘出来的时候，含水量只有12%。这就是它长寿的秘密。

在自然界里，古莲子还不算是最长寿的种子。我国科学家又在辽宁岫岩县大房身乡的黄土层里，发现了将近400粒狗尾草的种子，经同位素测定，这些种子的埋藏年代已经有一万年以上了。狗尾草出现于地球的白垩纪时代，是恐龙的“邻居”，至今还在大自然中茂盛地生长着。更惊奇的是，那些古代的狗尾草种子已经发芽、开花而且还结了子。这一发现，为古代植物、古代地理和古代气候环境的研究，提供了新的资料。

跟这些长寿的种子相比，有些植物种子的寿命又短得可怜。

大多数热带和亚热带的植物，像可可的种子，从母体中取出35小时以后，就失去了发芽能力。甘蔗、金鸡纳树和一些野生谷物的种子，最多只能活上几天或几个星期；橡树、胡桃、栗子、白杨和其他一些温带植物种子的生命力，都不能保持很久。

这些植物种子的寿命为什么这样短呢？

早在很久以前，科学家们就对这个问题发生了兴趣，但这是一个极其复杂的问题，直到现在，学者们还没有取得一致的意见。

有的科学家认为，有些植物种子容易死亡，是由于脱水干燥的原因。经过实验，某些柳树种子如果暴露在空中，在一个星期内就完全丧失了生活力。但放在冰箱里，在相对湿度只有13%的干燥大气中，它们至少能活360年。所以，有些科学家不同意这样的说法。

还有的学者认为，生长在热带或亚热带的植物种子，它们的寿命所以短，是因为热带的雨水充足，再加上天气热，种子的新陈代谢旺盛，种子里贮存的一点儿养分，很快就被消耗完了，由于没有充足的养分，也就维持不了种子的生命活动，从而失去了生命力。

另外一些科学家认为，在寿命短的种子中，有的含有大量脂肪，像可可、核桃、油茶什么的，由于新陈代谢的关系，脂肪转化的过程中可能会产生一种有毒物质，会把种子里的胚杀死，或者使种子变质。像花生、核桃放久了，有一股哈喇味儿，就是这个原因。

也有一些人认为，有的植物种子寿命短，是因为种子胚部细胞里的蛋白质分子失去活动能力，以致完全凝固而不能转化。另一部分人认为，由于种子内部的酶失去作用，不能分解复杂物质，胚得不到养分，种子也就失去生命力了。

近年来，越来越多的科学家认为，这些种子之所以寿命短，主要是由于种子胚部细胞核的生理机能逐渐衰退造成的，但具体原因还不清楚。

奇妙的数学之谜

QI MIAO DE SHU XUE ZHI MI

费尔马大定理还是费尔马大猜测

现代数论的创始人、法国大数学家费尔马（1601－1665 年），对不定方程极感兴趣，他在丢番图的《算术》这本书上写了不少注记。在第二卷问题 8“给出一个平方数，把它表示为两个平方数的和”的那一页的空白处，他写道：“另一方面，一个立方不可能写成两个立方的和，一个四方不可能写成两个四方的和。一般地，每个大于 2 的幂不可能写成两个同次幂的和。”

换句话说，在 $n>2$ 时，

$$x^n+y^n=z^n \qquad (1)$$

没有正整数。这就是举世闻名的费尔马大定理。

“关于这个命题”费尔马说，“我有一个奇妙的证明，但这里的空白太小了，写不下。”

人们始终未能找到费尔马的“证明”。很多数学家想攻克这座城堡，但至今未能攻克。所以，费尔马大定理实际上是费尔马大猜测。人们在费尔马的书信与手稿中，只找到了关于方程

$$x^4+y^4=z^4 \qquad (2)$$

无正整数解的证明，恐怕他真正证明的“大定理”也就是这 $n=4$ 的特殊情况。

既然（2）无正整数解，那么方程

$$x^{4k}+y^{4k}=z^{4k} \qquad (3)$$

无解，如果（3）有解，即有正整 x_o，y_o，z_o，使

$$x_o{}^{4k}，y_o{}^{4k}=z_o{}^{4k} \qquad (4)$$

那么 $(x_o{}^k)+(y_o{}^k)^4=(z_o{}^k)$ 4k 这与（2）无解矛盾！

同理，我们只要证明对于奇素数

P，不定方程

$$x^p+y^p=z^p \qquad (5)$$

无正整数解，那么费尔马大定理成立（因为每个整数 n>2，或者被 4 整除，或者有一个奇素数 P 是它的因数）。

(4) 的证明十分困难。在费尔马逝世以后近多年，瑞士数学家欧拉迈出了第一步。他在 1753 年 8 月 4 日给哥德巴赫的信中宣称他证明了在 p=3时，(4) 无解。但他发现对 p=3 的证明与对 n=4 的证明截然不同。他认为一般的证明即证明 (4) 对所有的素数 p 无正整数解是十分遥远的。

一位化名勒布朗的女数学家索菲·吉尔曼（1776－1831 年）为解费尔马大定理迈出了第二步。她的定理是：

如果不定方程

$x^5+y^5=z^5$ 有解，那么 $5\mid xyz$。

人们习惯把方程 (4) 的讨论分成两种情况。即：如果方程

$x^p+y^p=z^p$ 无满足 $p\mid xyz$ 的解，就说对于 p，第一种情况的费尔马大定理成立。

因此，吉尔曼证明了 p=5，第一种情况的费尔马大定理成立。更一般地，她还证明了：如果 p 与 2p+1 都是奇素数，那么第一种情况的费尔马大定理成立。她还进一步证明了对于 ≤100 的奇素数 p，第一种情况的费尔马大定理成立。

攻克 p=5 的荣誉由两位数学家分享，一位是刚满 20 岁，初出茅庐的德国数学家狄利克雷，另一位是年逾 70 已享盛名的勒仕德。他们分别在 1825 年 9 月和 11 月完成了这个证明。

p=7 是法国数学家拉梅在 1839 年证明的。

这样对每个奇素数 p 逐一进行处理，难度越来越大，而且不能对所有的 p 解决费尔马大定理。有没有一种方法可以对所有的 P 或者至少对一批 P，证明费尔马大定理成立呢？德国数学家库麦尔创立了一种新方法，用新的深刻的观点来看费尔马大定理，给一般情况的解决带来了希望。

库麦尔利用理想理论，证明了对于 P<100 费尔马大定理成立。

库麦尔发现伯努列数与费尔马大定理有重要联系，他引进了正规素数的概念：如果素数 p 不整除 B_2，B_4……B_{p-3}的分母，p 就称为正规素数，如果 p 整除 B_2，B_4……B_{p-3}中某一个的分母就称为非正规素数，例如 5 和 7 都是正规数。

1850 年，库麦尔证明了费尔马大定理对正规素数成立，这是一个很大的成就，一下子证明了对一大批素数 P，费尔马大定理成立。他发现在 100 以内只有 37、59、67 是非正规素数，在对这 3 个数进行特别处理后，他证

明了对于 $p<100$，费尔马大定理成立。

正规素数到底有多少？库麦尔猜测有无限个，但这一猜测一直未能证明。有趣的是，1953 年卡利茨证明了非正规素数的个数是无限的。

近年来，对费尔马大定理的研究取得了重大进展。1993 年，西德的代尔廷斯证明了代数数域 K 上的（非退化的）曲线 $F(x, y)=0$，在出格 $g>1$时，至多有有限多个 K 点。

作为它的特殊情况，有理数域 Q 上的曲线

$$x^n+y^n-1=0 \quad (6)$$

在亏格 $g>1$ 时，至多有有限多个有理点。

这里亏格 g 是一个几何量，对于曲线（6），g 可用

$$g=\frac{(n-1)(n-2)}{2} \quad (7)$$

来计算，由（7）可知在 $n>3$ 时，（6）的亏格大于 3，因而至多有有限多个有理点（x，y）满足（6）。

方程

$x^n+y^n=2n$ 可以化成

$(\frac{x^n}{2})+\frac{y^n}{2}-1=0$（8）改记 $(\frac{x}{2}, \frac{y}{2})$ 为（x，y），则（8）就变成（6）。因此由（6）只有有限多个有理数解 x、y，立即得出（1）只有有限多个正整数解 x、y、z，但这里把 x、y、z 与 kx、by、kZ（k 为正整数）算作同一组解。

因此，即使费尔马大定理对某个 n 不成立，方程（8）有正整数解，但解也至多有有限组。

现在还不能肯定费尔马大定理一定正确，尽管经过几个世纪的努力。瓦格斯塔夫在 1977 年证明了对于 $p<125000$，大定理成立。最近，罗寒进一步证明了对于 $p<4100$ 万，大定理成立。但是，费尔马大定理仍然是个猜测。如果谁能举出一个反倒，大定理就被推翻了。不过反例是很难举的。

计算圆周率的无穷历程

人类在很早以前，从生活和生产的实践中，就发现了“一个圆的周长与其直径之比是一个定数”。这个定数被后世称为圆周率，大数学家欧拉在 1737 年采用符号“π”表示圆周率，以后才普遍使用。从古到今，人类为求出这个 π 值，不知走过多么漫长而曲折的道路。在数学史上，π 值的精确度，曾代表着一个国家的数学水平。我国在求 π 值的精确度上，曾创造过辉煌，代表了人类那段时期数学的最高成就。

我国第一部数学算书《周髀算经》中，就记载有圆“周三径一”这一结论。东汉时期官方还明文规定圆

周率取 3 为计算面积的标准，后人称之为“古率”。古代还有许多国家也取圆周率为 3，如埃及、巴比伦、印度、日本等，在《圣经》中也有记载。在实践中，人们发现用古率去计算诸如圆的周长、面积，其值均比实际小。于是不断有人用经验去修正圆周率值。稍后，古埃及人将圆周率知值精确到 3.1605。古巴比伦人则取圆周率值为 3.125，印度、阿拉伯等国用过圆周率$=\sqrt{10}$。

公元前 250 年，阿基米德用边数越来越多的圆内接或外切正多边形的周长和面积来近似代替圆，以确定圆周率的方法。当正多边形的边数越大时，得到的圆周率越精确。阿基米德算到正 96 边形，得到当时圆周率的最好近似值：$3\frac{10}{71}<\pi<3\frac{1}{7}$，取圆周率 3.1418。这是世界上第一次提出圆周率的科学计算方法。到公元前 5 世纪，希腊已将圆周率精确到 3.1416，这在世界上是领先的。

我国最早对古率的修正是公元1—5年，汉王莽时期的刘歆，他得到的圆周率＝3.15466……这个圆周率虽不够精确，却为摆脱“古率”的限制迈出了勇敢的一步。继之，发明浑天仪和地动仪的大科学家张衡（东汉时期）也探求过圆周率值。他是利用球体体积来计算的。但因他依据的球与外切圆柱体、外切立方体诸体积之比的理论，当时有错误，以至于得到的圆周率$=\sqrt{10}$反不如刘歆的精确，实在是可惜。

继阿基米德之后，约在公元 150 年，希腊天文学家托勒密求得圆周率＝3.141666。晚于他的我国天文学家王蕃于公元 255 年，用勾股法求得圆周率＝3.1555。

公元 263 年，魏晋时期的刘徽在《九章算术法》中，首创周“割圆术”去求圆周率。即通过不断倍增圆内接正多边形的边数来求圆周长的方法。刘徽从计算圆内接正六边形开始（此时边长等于半径），再计算正 12 边形周长，即将圆周 12 等分，进而正 24 边形，正 48 边形，直算到正 192 边形，即将圆周 192 等分，用其周长去近似表示圆的周长。并说：“割之弥细，所失弥少。割之又割，以至于不可割，则与圆周合体，而无所失矣。”这就是说，当圆内接正多边形边数无限增加时，这个正多边形的周长，就无限逼近圆的周长。这种“无限逼近”的思维方法正是近代数学基础的极限思维方式。这种极限思维方式，虽早在春秋时代庄子的书中就有了，但将这种极限思维用于解决数学问题，刘徽乃第一人。

把我国对圆周率研究水准推到世界前列的当属我国南北朝时期的数学家祖冲之。

据《隋书·律历志》记载，祖冲

之求得“以圆径一亿为一丈，圆周盈数三丈一尺四寸一分五厘九毫二秒七忽，肭数三丈一尺四寸一分五厘九毫二秒六忽，正数在盈肭二限之间。密率：圆径一百十三，圆周三百五十五；约率：圆径七圆周二十二。”这就是说，祖冲之求出的结果为：

$$3.1415926<\text{圆周率}<3.1415927$$

密率$\frac{355}{113}$、约率$\frac{22}{7}$等这个精确到小数点后7位的圆周率，在当时是非常了不起的成就。

在筹算的时代，祖冲之是怎样求出精确到7位小数的圆周率值呢？说来真是遗憾。祖冲之写了一本非常优秀的数学著作《缀术》，其中包括了对圆周率的研究及成果以及其他的丰富内容，该书曾被唐国子监和朝鲜、日本用做算术课本。但隋唐时“学官莫能究其深奥，是故废而不理”。这就是说，在隋唐那个重文轻理的时代，当官的多不懂数学，祖冲之著的《缀术》，他们根本就看不懂，因此当废物弃之。到了北宋的1084年刻印各种算经时就找不见《缀术》，失传了。这不能不说是世界数学史上的重大损失。因此，祖冲之到底怎样算出圆周率值的，也就成了千古之谜。

祖冲之之后的许多数学家，也对圆周率进行过研究，但都不如所他求的值精确，直到1000年后，由中亚的阿尔·卡希得到精确度为小数16位的圆周率，而此时已经有阿拉伯数字进行笔算。17世纪，瓦里斯给出了圆周率的有理式或极限形式。范瑟朗给出精确到35位小数的圆周率。1853年，番克斯计算π值，精确度达到小数607对位。

电子计算机出现以后，π的计算工作有了更大进展。1949年美国赖脱威逊用ENIAE计算机工作70小时求得π的2034位小数值。1973两位法国女数学家利用7600CDC型电子计算机得到100万位小数的π值。1983年计算到16777216位小数。现在有人已计算到上亿位，甚至10亿位。

在π的近似值的“马拉松”式的计算竞赛中，一直没有发现任何循环的现象。希望π是有理数的期望渐渐暗淡了，直到1761年德国数学家兰伯特证明了π是无理数。1882年，德国数学家林德曼借助于$e^{i\pi}=-1$证明了π是一个超越数。

为了实际计算的需要，这是π值计算的初衷，因为许多场合涉及圆周率。但是，计算π的意义并不是单纯为了实际计算的需要，就近代科学所需要的精密度来说，即使需要几十亿分之一的精确度，也只不过需要用到π的10位小数就足够了。而关于π值多位数的计算却发现了它有许多迷人的性质。π的理论和性质可以有各种各样，它是一个深深的丰富的宝地，几千年来一直引起人们的极大兴趣，并且现在和将来还有人在不断地研究。

平方数之谜

一般，小学生就知道平方数，$2^2=4$，$3^2=9$，非常简单。可是现在许多与平方数有关的问题还在困扰着数学家。

17 世纪法国数学家费马，本人原是律师，研究数学只是业余爱好。可是他的这种业余爱好，使他成为 17 世纪欧洲最重要的数学家之一。费马还有一个特点，他对数学规律的发现，大多数都是以猜想的形式提出的。也就是说，他只管提出结论，不管证明。

费马提出许多有关平方数的问题，下面介绍几个：

(1) 1640 年 12 月 25 日费马在给神父梅森的信中提出：一个形如 4n＋1 的素数都可以表示成两个平方数之和。比如，5＝4＋1，13＝9＋4，17＝16＋1，29＝25＋4 等等。

当然，费马对这个结果没有给出证明。100 多年以后，瑞士数学家欧拉才给出了证明，并进一步证明了这种表达是惟一的。

(2) 一个形如 4n＋1 的素数，把它作为整数边直角三角形的斜边的机会只有一次。比如 5，把它作为斜边，只有 $5^2=3^2+4^2$ 这一种可能。如果把 4n＋1 的素数平方，那么它作为斜边的机会就增加为两次；把它 3 次方之后就有 3 次等等。比如 5，5 的平方是 25，而 $25^2=15^2+20^2=7^2+24^2$；5 的立方是 125，而 $125^2=75^2+100^2=35^2+120^2=44^2+117^2$。这个问题后来也得到了解决。

(3) 整数边直角三角形的面积不能是一个平方数。比如边长为 3、4、5 的直角三角形，它的面积是 6 个平方单位，而 6 不是一个平方数。

这个问题由法国数学家拉格朗日证明是对的。

但是有关平方数的问题很多，并不是都解决了。1770 年英国数学家华林推测：每一个正整数都可以表示成 4 个平方数之和，9 个 3 次方数之和，19 个 4 次方数之和。

华林推测的第一部分，即每一个正整数都可以表示成 4 个平方数之和，提出不久被法国数学家拉格朗日证明了。

按照华林的想法，上面推测可以推广到更一般的形式：

对每个自然数是 K＞1，存在一个常数 S（k），使每一个自然数可以表示为至多：S（k）个（自然数）的 k 次方的和。

比如，k＝2，s（k）＝4，即对于每一个自然数都可以表示为至多 4 个 2 次方的和；k＝4，s（4）＝19，意思是对于每一个自然数都可以表示为至多 19 个 4 次方的和。

这个问题的证明十分困难，使得数学家不知从何处下手。经过了很长时间的探索，1909 年，德国著名数学家希尔伯特成功地证明了这个问题。英国数学家哈代称赞希尔伯特的工作是“现代数论的一座里程碑”。

但是，华林问题并没有全部解决。希尔伯特只是证明了：S（k）的存在性，并没有给出确定 S（k）最小值的方法和数值。我们把 S（k）的最小值记为 g（k），按照华林的猜测，g（2）=4，g（3）=9，g（4）=19。

猜测 g（k）的一般规律是：

$$g(k)=2^k〔(\frac{3}{2})^k〕-2$$

这里的〔〕不代表中括号，〔x〕表示 x 的整数部分，比如〔3.2〕=3，〔$6\frac{1}{3}$〕=6 等等。

1964 年，我国数学家陈景润证明了 g（5）是对的。g（5）是多少？可以用上述公式算一下：

$$g(5)=2^5+〔(\frac{3}{5})^5〕-2$$

$$=32+〔\frac{243}{32}〕-2$$

$$=32+(7\frac{19}{32})-2$$

$$=32+7-2=37$$

也就是说每一个自然数都可以表示成 37 个非负整数的 5 次方之和。但至少有一个数不能表示成 37－1＝36 个非负数的 5 次方之和。

对于上述规律（1），k=4 仍没有解决。现在已经证明了 g（4）的范围是 19⩽g（4）⩽21，但是不是 g（4）=19 仍没有证出。

华林问题还没有完全解决，有人又从另一方面提出新的问题。保罗·图兰提出，什么样的正整数可以表示成两两互质的 4 个整数的平方和？他之所以这样提问题，是因为他确实发现了有不能表示的正整数。比如，他证明了形如 8n 的正整数 8、16、32 等等就不能；他又证明了形如 6n+5 的数 11、17、23 等等也不能。那么，究竟哪些数能表示呢？这个问题还在探讨中。

保罗·图兰还猜测，任何一个正整数都可以表示成两两互质的整数的平方和，其个数最多是 5 个。但是对于足够大的所有整数，能表示成恰好 5 个两两互质的平方数之和吗？至今也没得到肯定的证明。

华林推测，每一个正整数是 9 个立方数之和。有人嫌 9 个太多，提出每一个正整数能否表示成 4 个立方数之和？研究的结果表明，对于所有的正整数是做不到的。可是，除了形如 9n±4 的数以外，其他的数都可以做到。

有人又提出：每一个整数能否表示成 4 个立方数之和，并且其中有两个是一样的？也就是说，每一个整数能表示成 $x^3+y^3+2z^3$ 吗？这个问题对于许多数都没有解决，比如 76、148、183、230、253 等都不知道能否表示。

看来，平方数之谜还有待研究。

孪生质数之谜

数学上把相差为 2 的两个质数叫“孪生质数”或“双生质数”。

孪生质数并不少见，3 和 5，5 和 7，11 和 13，17 和 19，25 和 31 等等都是孪生质数，再大一点的有 101 和 103，11.16957 和 10016959，还有 1000000007 和 1000000009。数学家做过统计：

小于 100000 的自然数中有 1224 对孪生质数；

小于 1000000 的自然数中有 8164 对孪生质数；

小于 33000000 的自然数中有 152892 对孪生质数。

现在利用电子计算机找到的孪生质数已经是“天文数字”了，比如 $1159142985\times2^{2304}+1$ 和 $1159142985\times2^{2304}-1$。孪生质数会不会有无穷多对呢？这个问题吸引了许多人去研究，但至今没有解决。早在 20 世纪初，德国数学家兰道就推测孪生质数有无穷多对。许多事实也都支持兰道的猜想，可是一直就证明不出来。1919 年，数学家布隆想出一个“妙招”，他去求所有孪生质数 3 和 5、5 和 7、11 和 13……的倒数和，设这个和为 B，有：

$$B=\left(\frac{1}{3}+\frac{1}{5}\right)+\left(\frac{1}{5}+\frac{1}{7}\right)+\left(\frac{1}{11}+\frac{1}{13}\right)+\cdots\cdots$$

布隆想，如果能证明 B 比任何数都大，也就证明了孪生质数有无穷多对！这确实是一个很巧的方法。遗憾的是事与愿违，布隆证了半天，却证明出 B 一定是个有限数。看来布隆的道路走不通。后来人们就把 B 叫做“布隆常数”，并算出 B＝1.90216054……

布隆证明“孪生质数有无穷多对”虽然失败了，但他却证明了另一个有趣的结论：对于任一个整数 m，都可以找到 m 个相邻的质数，其中没有孪生质数。

“孪生质数有无穷多对”这个猜想至今仍是一个未解之谜，目前最好的结果是我国数学家陈景润得到的，他于 1966 年证明了：有无穷多个质数 P，能使 P+2 最多含有两个质数因子。

证明不了孪生质数是否有无穷多对，数学家就转而“攻击”另一个问题：孪生质数的分布情况。他们发现在 1000 以内有 35 对孪生质数；在

10000 以内有 205 对；在 1 亿以内有 440312 对。看来还真不算少。但是，孪生质数分布的一般规律至今还没有找到！

从孪生质数数学家又想到三生质数。如果 3 个质数 A、B、C，其中 B 比 A 多 2，而 C 又比 B 多 4，那么质数 A、B、C 就叫做三生质数。比如 5、7、11；11、13、17；17、19、23；101、103、107；10014491、10014493、10014497 都是三生质数组。

三生质数组会不会有无穷多组呢？和孪生质数一样，这个问题至今也仍然是一个谜。

质数的极限

一个大于 1 的整数，如果除了它本身和 1 以外，不能被其他正整数所整除，这个整数就叫做质数。质数也叫素数，如 2、3、5、7、11 等都是质数。

如何从正整数中把质数挑出来呢？自然数中有多少质数？人们还不清楚，因为它的规律很难寻找。它像一个顽皮的孩子一样，东躲西藏，和数学家捉迷藏。

古希腊数学家、亚历山大图书馆馆长埃拉托塞尼提出了一种寻找质数的方法：先写出从 1 到任意一个你所希望达到的数为止的全部自然数。然后把从 4 开始的所有偶数画掉；再把能被 3 整除的数（3 除外）画掉；接着把能被 5 整除的数（5 除外）画掉……这样一直画下去，最后剩下的数，除 1 以外全部都是质数。

后人把这种寻找质数的方法叫埃拉托塞尼筛法。它可以像从沙子里筛石头那样，把质数筛选出来，质数表就是根据这个筛选原则编制出来的。

数学家并不满足用筛法去寻找质数，因为用筛法求质数带有一定的盲目性，你不能预先知道要“筛”出什么质数来。数学家渴望找到的是质数的规律，以便更好地掌握质数。

从质数表中可以看到质数分布的大致情况：

1～1000 有 168 个质数。

1000～2000 有 135 个质数。

2000～3000 有 127 个质数。

3000～4000 有 120 个质数。

4000～5000 有 119 个质数。随着自然数的变大，质数的分布越来越稀疏。

质数把自己打扮一番，混在自然数里，使人很难以从外表看出它有什么特征。比如 101、401、601、701 都是质数，但是 301 和 901 却不是质数。又比如，11 是质数，但 111、11111 以及由 11 个 1、13 个 1、17 个 1 排列成的数都不是质数，而由 19 个 1、23 个 1、317 个 1 排列成的数却都是质数。

有人做过这样的验算：

1.2＋1＋41＝43，

2.2＋2＋41＝47，

3.2＋3＋41＝53，

3.92＋39＋41＝1601。

从43到1601连续39个这样得到的数都是质数，但是再往下算就不再是质数了。

40 2＋40＋41＝1681＝41×41，1681是一个合数。被称为“17世纪最伟大的法国数学家”费马，对质数做过长期的研究。他曾提出过一个猜想：当n是非负整数时，形如f（n）$=2^{2n}+1$的数一定是质数。后来，人们把$2^{2n}+1$形式的数叫做“费马数”。

费马提出这个猜想当然不是无根据的。他验算了前5个费马数：

f（0）$=2^{2n}+1$：2＋1＝3

f（1）$=2^{2n}+1$＝4＋1＝5

f（2）$=2^{2n}+1$＝16＋1＝17

f（3）$=2^{2n}+1$＝256＋1＝257

f（4）$=2^{2n}+1$＝65536＋1＝65537

验算的结果个个都是质数。费马没有再往下验算。为什么没往下算呢？有人猜测再往下算，数字太大了，不好算。但是，就是在第6个费马数上出了问题！费马死后67年，也就是1732年，25岁的瑞士数学家欧拉证明了第6个费马数不再是质数，而是合数。

f（5）$=2^{25}+1=2^{32}+14292967297$

＝641×6700417

更有趣的是，从第6个费马数开始，数学家再也没有找到哪个费马数是质数，全都是合数。现在人们找到的最大的费马数是f（1495）$=2^{21945}+1$，其位数多达10^{10584}位，这可是个超级天文数字。当然尽管它非常之大，但也不是质数。质数和费马开了个大玩笑。

在寻找质数方面做出重大贡献的，还有17世纪法国数学家、天主教的神父梅森。梅森于1644年发表了《物理数学随感》，其中提出了著名的“梅森数”。梅森数的形式为2^P-1，梅森整理出11个P值使得2^P-1至成为质数。这11个P值是2、3、5、7、13、17、19、31、67、127和257。你仔细观察这11个数不难发现，它们都是质数。不久，人们证明了：如果梅森数是质数，那么P一定是质数。但是要注意，这个结论的逆命题并不正确，即P是质数，2^P-1不一定是质数，比如$2^{11}-1=2047=23\times89$，它是一个合数。

梅森虽然提出了11个p值可以使梅森数成为质数，但是，他对11个P值并没有全部进行验算，其中的一个主要原因是数字太大，难以分解。当p＝2、3、5、7、17、19时，相应的梅森数为3、7、31、127、8191、13107、524287。由于这些数比较小，人们已经验算出它们都是质数。

1772 年，已双目失明的数学家欧拉，用高超的心算本领证明了 P＝31 的梅森数是质数：

还剩下 P＝67、127、257 三个相应的梅森数，它们究竟是不是质数，长时期无人去论证。梅森去世 250 年后在纽约举行的数学学术会议上，数学家科勒教授做了一次十分精彩的学术报告。他登上讲台一言不发，拿起粉笔在黑板上迅速写出：

$2^{67}-1$＝147573952589676412927

＝193707721×761838257287

然后就走回自己的座位。开始时会场里鸦雀无声，没过多久全场响起了经久不息的掌声。参加会议的人纷纷向科勒教授祝贺，祝贺他证明了第 9 个梅森数不是质数，而是合数！

1914 年，第 10 个梅森数被证明是质数；

1952 年，借助电子计算机的帮助证明了第 11 个梅森数不是质数。

以后，数学家利用速度不断提高的电子计算机来寻找更大的梅森质数。1996 年 9 月 4 日，美国威斯康星州克雷研究所的科学家，利用大型电子计算机找到了第 33 个梅森质数，这也是人类迄今为止所认识的最大的质数，它有 378632 位：$2^{1257787}-1$。

数学家尽管可以找到很大的质数，但是质数分布的确切规律仍然是一个谜。古老的质数，从诞生起就在不断考验着数学家们的智慧。

神奇的“角谷猜想”

多年前，日本数学家角谷静发现了一个奇怪的现象：一个自然数，如果它是偶数，那么用 2 除它；如果商是奇数，将它乘以 3 之后再加上 1，这样反复运算，最终必然得 1。

比如，取自然数 N＝6，按角谷静的做法有：6÷2＝3，3×3＋1＝10 ÷10÷2＝5，5×3＋1＝16，16÷2＝8，8÷2：4，4÷2＝2，2÷2＝1，从 6 开始经历了 3 → 1 → 5 → 16 → 8 → 4 → 2 → 1 最后得 1。

找个大数试试，取 N：16384。

1384 ÷ 2 ＝ 8192，8192 ÷ 2 ＝ 4096，4096 ÷ 2 ＝ 2048，2048 ÷ 2 ＝ 1024，1024÷2＝512，512÷2＝256，256÷2＝128，128÷2：64，64÷2＝32，32÷2＝16，16÷2＝8，8÷2＝4，4÷2＝2，2÷2＝1，这个数连续用 2 除了 14 次，最后还是得 1。

这个有趣的现象引起了许多数学爱好者的兴趣，一位美国数学家说：“有一个时期，在美国的大学里，它几乎成了最热门的话题，数学系和计算机系的大学生，差不多人人都在研究它。”人们在大量演算中发现，算出来的数字忽大忽小，有的过程很长，比如27算到1要经过112步，有人把演算过程形容为云中的小水滴，在高空气流的作用下，忽高忽低，遇冷成冰，体积越来越大，最后变成冰雹落了下来，而演算的数字最后也像冰雹一样掉下来，变成了1！数学家把角谷静这一发现，称为“角谷猜想”或“冰雹猜想”。

把它叫猜想，是因为到目前为止，还没有人能证明出按角谷静的做法，最终必然得1。

这一串串数难道一点规律也没有吗？观察前面作过的两串数：

6 → 3 → 10 → 16 → 8 → 4 → 2 → 1

16384 → 8192 → 4096 → 2048 → 1024 → 512 → 256 → 128 → 64 → 32 → 16 → 8 → 4 → 2 → 1。

最后的3个数都是4 → 2 → 1。

为了验证这个事实，从1开始算一下：

3×1＋1＝4，4÷2＝2，2÷2＝1。

结果是1 → 4 → 2 → 1，转了一个小循环又回到了1，这个事实具有普遍性，不论从什么样自然数开始，经过了漫长的历程，几十步，几百步，最终必然掉进4 → 2 → 1这个循环中去，日本东京大学的米田信夫对从1到10995亿1162万7776的所有自然数逐一做了检验，发现它们无一例外，最后都落入了4 → 2 → 1循环之中！

计算再多的数，也代替不了数学证明。“角谷猜想”目前仍是一个没有解决的悬案。

其实，能够产生这种循环的并不止“角谷猜想”，下面再介绍一个：

随便找一个4位数，将它的每一位数字都平方，然后相加得到一个答数；将答数的每一位数字再都平方，相加……一直这样算下去，就会产生循环现象。

现在以1998为例：

$1^2+9^2+9^2+8^2=1+81+81+64=227$，

$2^2+2^2+7^2=4+4+49=57$

$5^2+7^2+25+49=74$

$7^2+4^2=49+16=65$

$6^2+5^2=36+25=61$

$6^2+5^2=36+11=37$

$3^2+7^2=9+49=58$

$5^2+8^2=25+64=89$

下面再经过8步，就又出现89，从而产生了循环。这到底是怎么回事，其中有着什么样的内在规律。

人工证明不了的“四色猜想”

1976年有两位年轻的科学家阿佩尔和哈肯应用计算机证明了“四色问题”。当时为世人所震惊。这是依靠计算机证明的唯一的大定理。

“四色问题”也称“四色猜想”。我们在绘制地图时，为了区别一个国家与它的邻国，一个省区与它邻近的省区，总要给不同的国（省区）与它的相邻近的国（省区）画上不同的颜色。当我们打开任何一本彩色地图册就会发现，只有 4 种颜色。也就是说，用四种颜色就可以把各国（省区）区分出来。这就是“四色问题”。更确切地说，在平面上或球面上绘制地图只需要用 4 种颜色。

提出四色猜想的第一位数学家是德国的莫比乌斯，这是 1840 年的事。1850 年一位英国学生叫葛斯瑞也认为绘制地图 4 种颜色足够了。其后不久，他给弟弟写信并“证明”这个猜想正确。可惜这个证明被遗失了，许多数学家认为此证明可能也是错的。他的弟弟把葛斯瑞的这一想法写信告诉美国几位有名望的数学家，希望他们证明四色猜想。但直到 1879 年，其中的凯雷虽然对此问题很感兴趣，但他宣布无法证明四色猜想。

继凯雷之后，有一位从事律师工作的肯普在数学学术杂志上发表了一篇论文，说他“证明”了四色问题。可惜，他的证明也是错误的，这个错误在 1899 年被数学家希伍德指出。而希伍德本人发表了一篇严密论证的文章，但是他只证明五色，没有证明四色。当然，从五色着手改进方法或许能证明四色，但问题并不这样简单，从那以后 100 多年以来，许多数学家都想证明四色猜想。开始选择另外的方向，在国家数目上加以限制。首先是费兰克林在 1920 年证明，当国家的数目≤25 时，四色定理成立。1926 年国家数提高到 27，1936 年提高到 31，1943 年又提高到 35，1968 年又提高到 40。为什么国家数目增加得如此之慢呢？因为每增加一两个，不同国家之间的边界关系类型就会变得复杂得多，而证明的关键是必须把地图的所有类型都考虑进去，这就给证明带来更大的困难。所以，很长时间内，四色问题未能加以证明。

1976 年，阿佩尔和哈肯利用计算机给“四色猜想”加以证明，前后花了七个月时间。第一步是把所有可能的地图类型归结为有限多个不同的类型，他们归类成 1936 个。仅这一步就耗时 6 个月；第二步是证明它们用四色足够区分，这花了一个月时间。在计算机的帮助下，他们最终完成了这个证明。

但是从 1976 年以来，有不少数学家对此抱有怀疑态度。不论怎么说，这件事本身说明电子计算机对数学家来说是不可缺少的工具。他们的想法是，能不能找到不依赖电子计算机的人工证明，关于这一关，仍然有数学家在不断的探索中，但结果还在期盼中。

哥德巴赫猜想

要懂得哥德巴赫猜想是怎么一回事？只需把早先在小学三年级里就学到过的数学再来温习一下。那些12345，个十百千万的数字，叫做正整数。那些可以被2整除的数，叫做偶数；剩下的那些数，叫做奇数。还有一种数，如2，3，5，7，11，13等等，只能被1和它本身而不能被别的整数整除的，叫做质数。除了1和它本身以外，还能被别的整数整除的，这种数如4，6，8，9，10，12等等就叫做合数。一个整数，如能被一个素数所整除，这个素数就叫做这个整数的素因子。如6，就有2和3两个素因子。如30，就有2，3和5三个素因子。

哥德巴赫是德国数学家，出生于格奥尼格斯别尔格（现名加里宁城），曾在英国牛津大学学习，原学法学，曾担任中学教师。1725年，到了俄国，同年被选为彼得堡科学院院士；1725－1740年担任彼得堡科学院会议秘书；1742年，移居莫斯科，并在俄国外交部任职。1729－1764年，哥德巴赫与大数学家瑞士的欧拉保持了长达35年的书信往来。

1742年，哥德巴赫写信给欧拉时，提出了：每个不小于6的偶数都是两个素数之和。例如，6＝3＋3。又如，24＝11＋13等等。有人对一个一个的偶数都进行了这样的验算，一直验算到了3.3亿之数，都表明这是对的。但是更大的数目，更大更大的数目呢？猜想起来也该是对的。猜想应当证明。要证明它却很难很难。

整个18世纪没有人能证明它。

整个19世纪也没有人能证明它。

到了20世纪的20年代，问题才开始有了点儿进展。

很早以前，人们就想证明，每一个大偶数是两个“素因子不太多的”数之和。他们想这样子来设置包围圈，想由此来逐步、逐步证明哥德巴赫这个命题——一个质数加一个质数（1＋1）是正确的。

就像许多著名的数学未解问题，对哥德巴赫猜想有不少宣称的证明，但都未为数学界所接受。

从6＝3＋3、8＝3＋5、10＝5＋5、……、100＝3＋97＝11＋89＝17＋83、……这些具体的例子中，可以看出哥德巴赫猜想都是成立的。有人甚至逐一验证了3300万以内的所有偶数，竟然没有一个不符合哥德巴赫猜想的。20世纪，随着计算机技术的发展，数学家们发现哥德巴赫猜想对于更大的数依然成立。可是自然数是无限的，谁知道会不会在某一个足够大的偶数上，突然出现哥德巴赫猜想的反例呢？于是人们逐步改变了探究问题的方式。

1900年，20世纪最伟大的数学家希尔伯特，在国际数学家大会上把“哥德巴赫猜想”列为23个数学难题之一。此后，20世纪的数学家们在世界范围内“联手”进攻“哥德巴赫猜想”堡垒，终于取得了辉煌的成果。

20世纪的数学家们研究哥德巴赫猜想所采用的主要方法，是筛法、圆法、密率法和三角和法等等高深的数学方法。解决这个猜想的思路，就像“缩小包围圈”一样，逐步逼近最后的结果。

1920年，挪威数学家布朗证明了定理“9＋9”，由此划定了进攻“哥德巴赫猜想”的“大包围圈”。这个“9＋9”是怎么回事呢？所谓“9＋9”，翻译成数学语言就是：“任何一个足够大的偶数，都可以表示成其他两个数之和，而这两个数中的每个数，都是9个奇质数之乘积。”从这个“9＋9”开始，全世界的数学家集中力量“缩小包围圈”，当然最后的目标就是“1＋1”了。

1924年，德国数学家雷德马赫证明了定理“7＋7”。很快，“6＋6”、“5＋5”、“4＋4”和“3＋3”逐一被攻陷。1957年，中国数学家王元证明了“2＋3”。1962年，中国数学家潘承洞证明了“1＋5”，同年又和王元合作证明了“1＋4”。1965年，前苏联数学家证明了“1＋3”。

1966年，中国数学家陈景润攻克了“1＋2”，也就是：“任何一个足够大的偶数，都可以表示成两个数之和，而这两个数中的一个就是奇质数，另一个则是两个奇质数的乘积。”这个定理被世界数学界称为“陈氏定理”。

由于陈景润的贡献，人类距离哥德巴赫猜想的最后结果“1＋1”仅有一步之遥了。但为了实现这最后的一步，也许还要历经一个漫长的探索过程。有许多数学家认为，要想证明“1＋1”，必须通过创造新的数学方法，以往的路很可能都是走不通的。

有很多非专业数学爱好者试图证明这个猜想，但是这些证明往往被看做民间“猜想”爱好者不自量力的举动。专业数学研究者认为证明这一猜想需要深刻的数论理论知识，然而几乎所有的民间数学爱好者的“证明”使用的数学工具往往仅仅是初等数学或者微积分。如今，哥德巴赫猜想仍然是众多科学家正在寻找方法证明的“谜题”。

扑朔迷离的“回文数猜想”

回文是文学中常用的修辞方法。

传说，古代有一个秀才游桂林的斗鸡山，觉得山名有趣，信口说出一句话：

“斗鸡山上山鸡斗。”

他想把这句话作为上联来对一副对联，可是下联自己也对不上来。回家后便请教自己的老师，老师想了一下说："我不久前游览了龙隐洞，就以此给你对个下联。"老师念道：

"龙隐洞中洞隐龙。"

对得很巧。这是一副回文对联。

古代诗人王融曾写过一首著名的回文诗："风朝拂锦幔，月晓照莲池。"反过来读："池莲照晓月，幔锦拂朝风。"不管怎样读，都是一首诗。

有趣的是，数学家族里的主要成员数中也有回文的，你看数 101，正着读倒着读都是 101；再看 32123，正着读倒着读都是 32123。这种正反读都一样的数很多，数学家给它们起了一个特殊的名字——回文式数，简称回文数。

围绕着对回文数的研究，数学家们发现，有的回文数不老实，不是明明白白地站在数字的队伍里，而是隐藏在其他数里，经过特殊变换以后才显露真容。比如 83，它不是回文数，将它与其倒数相加，83＋38＝121，就变成了回文数 121。经过多次验算，数学家提出了一个猜想：任取一个自然数，把它倒过来与原数相加，然后把这个和数再与它的倒数相加，一直重复这个运算，最后总能得到一个回文数。数学家把这个猜想叫做"回数猜想"。

比如：

83：83＋38＝121，经过 1 步运算就能得到回文数 121；

68：68＋86＝154，154＋451＝605，605＋506＝1111，1111 是回文数，只需 3 步运算就能得到；

195：195＋591＝786，786＋687＝1473，1473＋3741＝5214，5214＋4125＝9339，要运算 4 步，得到的回文数是 9339。

是不是所有数经过上述运算都能产生回文数？也就是说，回数猜想是对的还是错的？这个问题至今没有解决。

最初，人们是一个数一个数地去验算。当有人对 196 进行上述运算时，算了 5 万步，所处理的数已达到 21000 位，仍没有获得回文数。人们就猜测，也许 196 永远也变不成回文数。如果真的是这样，那么"回数猜想"就是错误的。然而，不管你算了多少步，这种运算总没到头，没到头就不能否定，要否定必须给出足够的理由。

后来，人们又发现，在 10 万个自然数中，有 5996 个数，不管运算多久，似乎也产生不出回文数，196 就是其中最小的一个。但是，不管怎样运算，就是没有人能找出它们产生不了回文数的确凿证据来。所以只能用含糊的词"似乎"来表述。

一些数学家采取了另外的方法来研究。他们对既是质数又是回文数的数进行了特别的研究，一方面想看看这些数有什么特性或规律，另一方面也想从中找出证明回数猜想的蛛丝马迹。

通过研究，数学家发现了一些有特殊性质的回文质数。比如 19391，把它的 5 个数字写在一个圆周上，你从其中任一个数开始，不管是顺时针写还是逆时针写，写出来的 5 位数都是质数。这种回文质数很少。

数学家还发现回文质数除 11 外必须有奇数个数字。因为每个有偶数个数字的回文数，必然是 11 的倍数，所以它肯定不是质数。比如 125521 是一个有 6 位数字的回文数。判断能被 11 整除的方法是：一个数所有偶数位数字之和与所有奇数位数字之和的差是 11 的倍数，那么这个数就能被 11 整除。125521 的奇数位数字是 1、5、2，而偶数数字是 2、5、1，而偶数位数字是 2、2、1，它们和的差是：

(2＋5＋1) － (1＋5＋2) ＝0 是 11 的倍数，所以 125521 可以被 11 整除，它不是质数。

有些回文数相乘之后，所得乘积还是回文数。例如 212×141＝29892。这样的例子还不少：

11 × 11 = 121，22 × 22 = 484，111 × 111 = 12321，111 × 121 = 13431，111×131＝14541，121×212＝25652。

在回文数中平方数是非常多的，比如 $121=11^2$，$12321=111^2$，$1234321=1111^2$……一直到 $12345678987654321=111111111^2$。你随意找一些回文数就会发现，平方数所占的比例比较大。

立方数也有类似情况。

对回文质数的研究虽然取得了一些成绩，发现了一些特性，但是用它们也不能证明“回数猜想”。

数学家又大胆地猜想：回文质数有无穷多个；回文质数对（中间的数字是连续的，而其他数字都相等，如 30103 和 30203）也有无穷多对。但是也没有人能证明这些猜想是对的。扑朔迷离的回文质数又给数学家们出了一个难题。

不是偶然是必然

美国康涅狄格州的商人乔奇·D·伯力森在南方旅行，经过肯塔基州路易斯维尔城时，他改变原定计划，行程中途下车参观一下这个以前从未来到的陌生的城市。他在布隆饭店 307 房间住了不久，店员送来一封信，信封上写着：“307 房间，乔奇·D·伯力森先生收”。这当然是不可能寄给这位商人的。原来在此前，这个房间住着一个来自加拿大蒙特利尔的同姓同名的乔奇·D·伯力森。

1949 年，宾夕法尼亚州契斯特城

一男子被指控“流浪罪”遭逮捕。在法庭审理时，被告竭力申辩，说他并非流浪，他的住址是麦克尔弗因街714号。法官当即指出：“这个地方，9天前我刚从那儿搬出。”

人们往往对这些巧遇惊叹不已，而又不知其所以然。哲学家告诉我们：偶然中蕴藏着必然，偶然事件中有着必然的规律在支配。对于数学家来说，巧合并不神秘，有些事情是可以用统计概率的方法来进行预测的。

数学家认为，在地球上50亿居民中每天发生着无可计量的交往、联系、影响与作用，即使根本没有巧合存在，大多数惊人的事也会发生。比如，你与22个陌生人一起参加宴会，其中可能有一人与你生日一样。因为在一个随意挑选的23人组成的小组中，至少有2人同一天生日的可能性超越50%。

《生活》杂志曾报道过这样一件事：有15人预定1950年3月1日7点15分去内布拉斯加州皮塔里斯教堂进行唱诗班排练。结果，每个人都由于种种原因而迟到：车子坏了，因为听无线电节目而不忍离开，衣服来不及烫好，正好有客人来访，等等。所以没有一个人在预定时间到达。然而，教堂却在7点25分因意外事故而炸毁。这些唱诗班的人都为之庆幸，心想这也许是神的安排吧。《好运气》一书的作者根据概率参数推测，这种巧合发生的可能性是1%。

这些巧合是那样地变幻莫测，令人难以捉摸。例如：林肯总统与肯尼迪总统有许多相似之处。两人当选总统时间都在同一周，只不过相差100年而已；两人都深深卷入了黑人公民权的纷争之中；两人都是在夫人陪同下又均是在星期五遭暗杀的；在任职居住白宫期间两人都在白宫死去了一个儿子；两人死后都由各自的副总统继承他们的总统职位，而这两位副总统的名字又都叫约翰逊；他们的年龄又都正好相差100岁；恰好又与两位总统的当选时日差数相同。

这类有许多特异的变量决定的巧合，给一些不相信概率理论能解释一切巧合的科学家们提供了推出新理论的根据。这个领域的先驱是瑞士的精神病学家克尔·琼收集了他一生中遇到过的许多稀罕的巧合事件。他在1952年的一篇论文中宣称：实际生活中的巧合事件，在比概率理论能预测的更大范围与数量上频繁而广泛地发生着。因此，这儿似乎存在着一种还不为人知的充当着一种普遍的力量在起着作用。

在研究对巧合的新的解释原理的过程中，物理学家们提供了胜过概率理论的新思索。早在1935年就已证明，两只粒子只要相互作用一次，就可以使这每个粒子随后运动数十年，并分离数光年之遥，对这些奇怪的现象，爱因斯坦和他的合作者把它称为EPR。

在对上述这个现象研究了数十年之后，物理学家大维·鲍姆认为：人也许像粒子一样地相互作用着，他们的头脑在同一时间不谋而合地有可能产生同样的想法、见解、感受。

当然，从理论探索到证明巧合事件不是偶然发生的，这里有一段很长的路要走。就如纵横填字字谜、魔方、魔棍等使人能知其然而难知其所以然一样，关于巧合的规律性的争论在科学家中还要进行下去，而事实上，巧合的事件不管你怎么解释，还在继续不断地发生着。

自然界中的斐波那契数列

很多的数学问题都是首先从自然界发现的，著名的斐那契数列就是其中之一，它是由于兔子繁殖问题引出的一个极为奇妙而重要的数列。

有位养兔专业户想知道兔子繁殖的规律，于是他围了一个栅栏把一对刚出生的小兔子关在里面。已知一对小兔子出生后两个月就开始生兔子，以后则每月可再生一对。假如不发生伤亡现象，满一年时，栅栏内有几对兔子呢？

现在，我们来帮他算一算。为了寻找规律，我们用“成”字表示已成熟的一对小兔子；“小”表示未成熟的一对小兔子，因为一对兔子生下两个月就又开始生小兔子，通过计算，我们可知头6个月的兔子的对数是1，1，2，3，5，8。

这个数列有什么规律呢？稍加观察就可发现它有如下特点：从第三项起，每一项都等于其前两项之和。根据这个特点，我们就可以把这个数列继续写下去，从而得到一年内兔子总对数1，1，2，3，5，8，13，21，34、55，89，144。

可见，满一年时，一对刚出生的兔子可变成144对。

由兔子繁殖问题引出的一个数学问题，称为“斐波那契数列”。

斐波那契是意大利人，12世纪和13世纪欧洲数学界的中心人物。他曾到埃及、叙利亚、希腊、西西里、法国南部等地游历，回国后便将所搜集的算术和代数材料加以研究，编写成《算盘书》。该书对欧洲大陆产生了很大影响，它用大量的题目说明理论内容。兔子繁殖问题就是其中的一题。所谓斐波那契数列就是指由兔子繁殖问题引出的数列：

1，1，2，3，5，8，13，21，34，55……其中 $a_n=a_{n-1}+a_{n-2}$。

斐波那契数列也可叫兔子数列，该数列中的每一项都称为斐波那契数。

它的通项公式为：

$$a_n=\frac{1}{\sqrt{5}}\left[\left(\frac{1+\sqrt{5}}{2}\right)^n-\left(\frac{1-\sqrt{5}}{2}\right)^n\right]$$

并且 $\lim\limits_{n\to\infty}\frac{a_n}{a_n+1}=\frac{\sqrt{5}}{2}$。

斐波那契数列有着广泛的应用，它和现代的优选法有密切关系。所谓优选法就是，尽可能少做试验，尽快地找到最优生产方案的数学方法。20世纪70年代经著名数学家华罗庚的倡导，优选法在我国得到广泛的推广和应用，取得了很多成果。优选法中有个“0.618法”，所谓“0.618法”就是$\frac{\sqrt{5}-1}{2}$的近似值。因此，人们就可用相邻两个斐波那契数之比来近似代替0.618。在这基础上，人们还创造了一种“斐波那契法”，来寻找最优方案。

最使人们感到惊奇的是，自然界很多现象都与斐波那契数列有关。科学家们发现蜜蜂的繁殖速度也符合斐波那契数列。除了动物的繁殖外，植物的生长也与斐波那契数有关。如果一棵树每年都在生长，那么，一般说来，第一年只有主干，第二年有2枝，第三年有3枝，最后是5枝、8枝、13枝等，每年的分枝数正好为斐波那契数。还有一些学者发现自然界中花朵的花瓣数目也与斐波那契数有关。生物学中的“鲁德维格定律”，就是斐波那契数列在植物学中的应用。

对于以上现象怎样解释呢？是偶然的巧合吗？大多数科学家认为，绝不是巧合。是这些动植物也懂得优选法吗？不是！其实道理很简单，自然界的生物在进化过程中都不自觉地服从着一条原则——“适者生存”，只有按照最优方案发展，才能很好地生存下去，否则就会慢慢被淘汰。这个说法正确吗？至今还被人们研究和印证着。

神秘的物理之谜

SHEN MI DE WU LI ZHI MI

时间的本质是什么

时间是什么？到目前为止，科学家已认识到时间具有两重性：对称性（或可逆性）及其破缺（或不可逆性）。对称性时间源自牛顿力学（牛顿第二定律的表述方程经时间反演变化即用——t替代t后保持不变），按照这种时间观，现在、过去、未来是没有区别的，如行星无休止的圆周运动，钟表指针圈复一圈及气候春夏秋冬年复一年的循环。

19世纪中期，开尔文（英国）等发现了热力学第二定律。按照这个定律，物质和能量只能沿着一个方向转换，即从可利用到不可利用，从有效到无效，从有秩序到无秩序。如煤燃烧后，成为无法生热的煤灰，并向大气层放出一氧化碳等废气。这就意味着时间对称性的破缺，宇宙万物从一定的价值与结构开始，不可挽回地朝着混乱与荒废发展，不同时刻的价值与结构不相同。第二定律揭示了一种“退化”的非对称性时间。

几乎与此同时，进化论者发现了发生在生物界和人类社会的时间对称性破缺，创立了进化时间观。达尔文认为，地球上的生物处在不断进化之中，从简单到复杂，从生命的低级形式向高级形式，从无区别的结构到互不相同的结构。马克思认为，人类社会是逐渐由低级向高级，向更加完善更加有序的阶段发展的。与退化论者恰成对照，进化论者的这些发现是令人十分乐观的，即随着时间的流逝，宇宙将进化得越来越精美，不断地向更高水平发展。

从人的一生依稀可见时间的进化性、对称性和退化性的缩影。在一个受精卵发育成人的过程中，体内的组织逐渐从简单向繁多精密发展。从脱离母体到成年（20～15 岁），人体器官逐步向功能完善发展。从成年到 40 岁左右，人体各器官的功能基本保持不变。此后，人体各器官的功能逐渐衰老。

20 世纪 70 年代中期，通过对自组织现象的仔细考察和长期研究，普利戈津提出了耗散结构理论。按照该理论，可逆性是时间具体有对称性的基础，不可逆性是时间进化和退化的本质，一个非平衡系统（系统的温度等状态参量随时间变化，或系统与外界存在诸如热流粒子等宏观流动）的演化过程，可用数学中的分支点理论的描绘。一个非平衡系统（无论是生物或非生物系统）经过分叉点 A、B 演化到 C 时，对 C 态的解释必然暗含着对 A 态与 B 态的了解。C 态的秩序和结构比 A 态与 B 态的既有可能更高级精密（进化）也可能更低级简单（退化）。普利戈津就这样定量统一地解释了时间的进化性和退化性。

大爆炸模型（伽莫夫等，20 世纪 40 年代）和爆胀模型（古斯等，20 世纪 80 年代）揭示了时间在宇宙尺度上的对称性破缺：约 200 亿年前，宇宙还是一个质量密度无限大的“奇点”，一次巨大的爆炸，并经过 200 亿年的近光速膨胀，形成了现在的宇宙，且还在膨胀。在基本粒子领域，美国科学家克罗宁和菲奇发现了时间对称性自发破缺的现象（1964 年）：C 介子在衰变过程中，对于空间反射和电荷共轭变换不守恒，从而说明了时间反演对称性自发破缺。

爱因斯坦曾认为，时间不过是人的主观“幻觉”而已。他说：“对我们这些信念坚定的物理学家来说，过去、现在与未来之间的差别只是一种幻觉，虽然是一种长久不变的幻觉。”这种观点未免过于偏颇。如上所述，时间是具有客观性（事物或发展或退化或不变是客观的）。但不可否认，时间确与人（的主观性）有联系。搞清楚时间的最终本质是科学家的一大愿望。

光是什么

1666 年，当牛顿用数学公式表达出他的 3 个运动定律和万有引力定律时，他同时也在用光做实验。雨后彩虹具有炫目的色彩，光通过豪华装饰灯的棱柱会产生各种颜色，这些都是人们所熟悉的现象。当时人们认为光是白色的，是天空中的什么东西及玻璃中的物质给光添加了颜色。牛顿在晚些时候写道：“在 1666 年，我做了一个玻璃三棱镜，以演示这种光的现象。”

牛顿做的实验非常简单，但这之前没有人想到去做这件事。牛顿将工作室的窗户遮住，只留一个小洞让很窄的一束光射进来，射进来的光是白色的。他再把他做好的三棱镜放在光前。于是，在对面的墙上就出现了包含全部颜色的光谱。然后，牛顿又采取了关键的一步。他拿来了两块木板，每块木板上都有一个很小的洞。他将一块木板放在三棱镜和玻璃之间，使射到三棱镜上的光束更窄。另一块木板放在三棱镜和墙之间，只让一种颜色的光通过木板上的小洞射到墙上。然后，他把第二块三棱镜放在第二块木板的小洞前，发现只有单种颜色的光射到墙上。第二块三棱镜并不改变光的颜色。他对光谱中的每种颜色逐一进行了检验，发现每次通过第二块三棱镜的光都不改变颜色。这样，颜色就不在三棱镜之中，而在光自身之中，否则第二块三棱镜应产生所有的颜色，而不应仅仅是一种颜色。光不是白色的，它实际上包含了彩虹中的所有颜色，当光经过三棱镜或被反射之后，各种颜色的光就显现出来。最后人们明白了，天空中的小雨滴在某种情况下起到了三棱镜的作用，使光发生折射，从而产生炫目的彩虹。

后来，牛顿又做了另外一个实验，用第二块三棱镜将各种颜色的光合成白色光。这个实验记录在他1704年出版的《光学》书中。在明白了自然光的组成之后，牛顿开始解决影响显微镜和望远镜的一个问题。不管用显微镜还是望远镜进行观测时，在边缘都会出现彩色条纹，使被观测的像模糊不清。当放大率增大时，这个问题越发严重。在1668年，牛顿用凹面镜设计了一个望远镜，因为这样的镜面反射光，而不像透镜那样使光分解或折射光，因而消除了彩色条纹。由于这个原因以及镜子比透镜更便宜、更宜安装，所以今天的许多大型反射望远镜都源于牛顿最初的设计。

牛顿也曾提出，光由他称为“微粒”的东西组成，比如血液中的细胞，四处喷射。这个观念被广泛接受，尽管在之后的200多年中这种粒子的性质并没有得到进一步的说明。与此同时，丹麦天文学家罗默于1676年发现了另一件事。自古以来，人们一直认为光速是无穷大的，但罗默在巴黎天文台观测木星的第一个卫星的星食时发现，这个卫星并不在预定的时间运行到木星的后面。并且，木星离地球越远，观测到的星食时间会越迟；木星离地球越近，观测到的时间会越早。这意味着光速是有限的。

光是白的，尽管它包含多种颜色的光。光以有限的速度传播，尽管这个速度很快，接近声速的100万倍。光似乎由粒子组成。这些是人们在18世纪初就得到了的共识，之后的200年间并没有多大的发展。

爱因斯坦在他1905年关于狭义

相对论的文章中，处理了光的另一个方面——光速。狭义相对论认为，不管一个观测者以很高的速度接近光源还是远离光源，对观测者而言，光速都相同。这种情况下会发生一些奇怪的事情。在观测者的参考系中，长度将缩减，时间将延长，质量将增加。在通常的速度下，这些效应并不发生，牛顿定律仍然适用。但当速度接近光速时，就要考虑时间延长这样的效应了。当太空船以光速或更高的速度飞行时，那么太空船上的时间将停止，太空船的长度将缩到零，它的质量将变成无穷大。所以，任何东西实际上都不能达到或超过光速。

爱因斯坦发展的关于光的新观念同样让物理学家头疼不已。光像引力一样，曾被认为在以太中传播。1889年，迈克耳孙和莫雷所做的关于光速的实验结果说明并不存在以太，这就意味着光和引力以另外的方式传播。这是一个结果与初衷完全相反的实验。迈克耳孙，一个4年前刚从美国海军学院毕业的有才气的年轻人；莫雷，一个非常杰出的化学家，只是想证明存在以太。迈克耳孙设计了一个光学干涉仪，同时发射两束光，一束穿过所谓的“以太”，另一束则方向与此垂直。由于波是有方向的，所以以太也应有一个方向。这样，与以太方向相同的光束，和与以太方向垂直的光束的运行时间会有一个差别。这就像与海浪方向一致的船，比与海浪方向垂直的船运行得更快一样，而实验结果却是毫无差别。

以太的不存在为普朗克、爱因斯坦和量子理论铺平了道路。波动理论正遭受着挫折，也许所有的东西都是粒子的。然而，并非所有的物理学家都情愿放弃波。因为光具有反射和折射现象，声波、水波有反射和折射现象，因而光是一种波。这样的论断让人难以反驳。

另一方面，随着20世纪检验量子理论技术条件的成熟，一个又一个多年前就被预言存在的粒子在实验中被发现。量子理论成为一个非常成功的理论，这些也让人难以反驳。于是人们越来越接受两种情况同时存在的观念，这反映在光子的定义中。比如1998年的科学百科是这样定义的：“在物理学中，光及其他的电磁辐射发出的基本粒子或能量量子，既具有粒子性质，又具有波的性质。”

那么，光什么时候是波？什么时候是粒子呢？一般而言，当光通过真空时可被认为是波，当它遇到其他物体表面时可被认为是粒子。天文学家利用光波的性质决定红移，从而判定一个恒星或星系离地球有多远。涉及激光时则需要运用光的量子定义，许多物理学家对这种处理方法都深深地不满。这种处理流行的原因是因为它具有较大的宽容度。一个科学家可以说光更像波，与此同时，另一个科学家可以说光更像粒子。这依赖于科学家所从事研究的性质，他们都可以是对的。这让物理学家多少有些不自在，有时他们希望这个问题能立即得到解决，这对于在学校中学习物理的年轻人会很有帮助。否则，可能你在高中学到了光是波，而在大学里又发现光是粒子。

在20世纪，人们做了关于光的各种各样的实验，有些是非常著名的科学家做的，结果表明光既是波，又是粒子。实验的结构可以改变结果，而各种实验本身都是正确的。这反映了基本的量子悖论。

光是波呢，还是粒子？牛顿没有解决，爱因斯坦没有解决，我们能够解决吗？

地磁场是地球万物的保护神吗

地球就是一个天然的磁场，地磁场是地球所具有的一种特殊现象。地磁场和生命的产生发展密切相关。所有的动物、植物甚至人类无一不受着地磁场的控制和影响。地磁场对地球形成了一个“保护盾”，减少了来自太空的宇宙射线的侵袭，地球上生物才得以生存滋长。如果没有了这个保护盾，外来的宇宙射线，会将最初出现在地球上的生命幼苗全部杀死，根本无法在地球上生存。对于人类和所有生物来说，地磁变换是灾难性的。地磁消失后，宇宙中的各种射线都会直达地表，地球上生活的生物将失去“保护伞”，受到强烈辐射的伤害。还有科学家认为，地磁场改变将会导致染色体畸变，会使动植物发生变异生长。

信鸽辨别方向的能力特别强，即使把上海的信鸽带到内蒙古放飞，它仍然会飞回上海。路途中就是遭遇到狂风暴雨，它也不会迷失方向。如此高强的辨别方向的本领让科学家们啧啧称奇。于是他们对信鸽进行研究，做了这样一个有趣的实验。他们在一个阴天的下午，把磁棒和铜棒分别绑在一些鸽子身上，然后运到很远的地方放飞。结果很有趣，绑着铜棒的鸽子，飞行方向正确，都安全返回主人家。而那些绑着磁棒的鸽子却满天飞失去了方向。这个实验说明鸽子辨别方向的能力受到磁场的影响。绑了磁棒的鸽子，识别地磁场的本领受到磁棒的干扰，自然迷失了方向。

科学家们又对类似的候鸟迁徙现象进行了研究，结果发现候鸟体内也有“雷达”，它们和鸽子一样，能够根据自己的电磁场同地磁场的相互作用来辨别方向。为了进一步证实这一点，科学家们在秋天把候鸟关进笼子里，用布罩起来，不让它们看到外面的世界。这些鸟却倔强地聚集在笼子的南部，准备向南飞。后来，科学家又把笼子放在一种磁场装置里，这些鸟儿就失去了方向，开始散布在笼子各处。可见地磁场是它们辨别方向至关重要的依据。不光鸟类，就是一些昆虫，甚至细菌也会对地磁场有感受能力。有一种细菌，总是一头朝南，一头朝北。从不在东西方向上“躺”着。这就充分说明它也有感知地磁场的本领。有的鱼儿，把它放进陌生的静水池里，它也是朝着南北方向游动。有种白蚁能在南北方向上建巢，因此称这种白蚁为“罗盘白蚁”。

地球存在磁场的原因还不为人所知，普遍认为是由地核内液态铁的流动引起的。最具代表性的假说是“发电机理论”。1945 年，物理学家埃尔萨塞根据磁流体发电机的原理，认为当液态的外地核在最初的微弱磁场中运动，像磁流体发电机一样产生电流，电流的磁场又使原来的弱磁场增强，这样外地核物质与磁场相互作用，使原来的弱磁场不断加强。由于摩擦生热的消耗，磁场增加到一定程度就稳定下来，形成了现在的地磁场。

而应用“磁现象的电本质”来做解释，认为按照物理学研究的结果，高温、高压中的物质，其原子的核外电子会被加速而向外逃逸。所以，地核在 6000 开的高温和 360 万个大气压的环境中会有大量的电子逃逸出来，地幔间会形成负电层。按照麦克斯韦的电磁理论：电动生磁，磁动生电。所以，要形成地球南北极式的磁场，必然需要形成旋转的电场，而地球自转必然会造成地幔负电层旋转，即旋转的负电场，磁场由此而生。

医学家发现，人类的某些疾病与地球的磁纬度也有一定的关系。例如猩红热的发病率就与地磁的变化有关。在一些地磁异常的地方，人们患高血压、风湿性关节炎和精神病的人数，要比地磁场正常的地区高差不多 1.5 倍。这充分说明，地磁场能使人体患上某些疾病。

有科学家据此认为，地球上生命的存在，和地磁场形成的保护层有密切关系。因此宇宙中各种宇宙射线即使有穿透岩层的能量，却被拒之于磁场之外。没有这个保护层，生物就无法衍生繁殖，人类也不会安然无恙。而其他一些星球，虽然空气、温度、水分适宜，但就因为几乎没有磁场的保护，所以至今尚无生命。正是因为在磁环境下孕育着生命，所以生物与人类有着奇特的感应和适应能力。信鸽、候鸟、海豚等都是这种奇特的感应和适应能力的具体体现。这些动物的器官和组织中，都有着磁铁细粒，因此，它们都有着磁性细胞。正是这些磁性细胞，使它们自身具备生物罗盘而永不迷向。

作为高级生命的人类来说，虽然生物罗盘的作用已退化了，但仍有少数有特异功能的人还保留着这种特点。可见，人与磁也有着密切的关系。我们知道，电与磁是难以分开的，电流能产生磁场，磁场能感应电流。在人体内，由于生命活动必然产生生物电流，如心电流、脑电流等。这些生物电流必然产生生物磁场，由心磁图和脑磁图都观测到磁场的存在，尽管生物磁场比起地磁场来小得多。

研究发现，人的心理状态、喜怒哀乐的精神因素，会直接影响心磁场的强度，而脑的思维情况也由脑子的不同部位的磁信号反映出来。因此可以用人工电磁信号去取代紊乱的电磁信号，从而达到治病的目的。

提到治病，磁的应用可以说是全方位的。电磁信号可以诊断和治疗疾病。另外，还可用药物或针疗等办法，比如中医常用磁石作为一种镇静药。还有现在流行的磁化杯和磁化水，也成为保健物品。更为神奇的是，磁还具有使人类恢复再生功能的巨大魔力。我们知道，原始动物如蜥蜴断了腿或尾巴以后能重新长上，螃蟹掉了螯钳以后还能长出更粗的螯钳，但是高等动物就不行。然而，通过医学实践证明，在适当的电磁场下可以使断骨的愈合加速，在脉冲电磁场的刺激下，可以使家鼠的断肢再生。因此磁疗的研究，在将来甚至有可能使人类的器官再生。这样，人的生命对于我们来说并不是只一次了，每个人都可以有多次生命。这无疑是天大的福音。

那么，地磁场是如何影响人体健康的呢？科学家们给出的解释有多种，但都不理想。一种认为人体的各部分都有水，水在地磁场中会发生物理化学变化。这样，当地磁场变化后，自然影响到水，也就使人体功能也发生变化，引起某些疾病。有的学者认为，人的各种器官也是有磁场的，即使地磁场发生微弱变化，也引起头脑、血液等周围的磁场发生变化，导致机体功能受影响，功能失常，疾病出现；也有人认为，人是处在不同生态环境之中，因此人的每个器官都带有当地地磁生态的烙印。当地磁变化后，人就会出现生理反常，产生反应，引起疾病。

当然，还有人提出生物膜理论以及其他不同的解释。但都不能使人满意。地磁场到底如何影响人体，特别是对大脑活动以及生理活动的影响，尚没有得到科学的解释。同样，在零磁环境下人类会受什么影响，在宇宙航行或在其他星球居住时，新的磁环境会对寿命有什么影响，也都是未来的课题。

金字塔能量之谜

20 世纪 40 年代，一位名叫布菲的法国人来到埃及，进入胡夫金字塔参观。在胡夫墓室内，他发现一些干瘪的小动物尸体。看样子它们自己跑进来，已死去很久。室内虽然并不干燥，但尸体一点也不腐烂发臭。布菲十分纳闷，沉思了一会，突然灵机一动，他想可能是金字塔形的建筑使它们变成了木乃伊。回国后，他按胡夫金字塔 1∶1000 的比例，用木板制作了一个缺底的小金字塔模型。他把模型按南北方向放置，在中轴线距塔底 1/3 高的地方，即胡夫殡室的位置上安放了一只刚死的猫。奇怪的现象发生了。过了一些日子，死猫成了一具木乃伊。布菲又对其他的有机物进行试验，也得到了同样的结果。此后，捷克无线电工程师卡里尔·杜拜尔偶然翻阅布菲的论文集时，读到布菲用马粪纸做胡夫金字塔模型试验情况。杜拜尔心想，这种实验太容易了，不妨自己也来试试。于是，他用 3 毫米厚的马粪纸，按胡夫金字塔的比例，做了几个 30 厘米高的模型，进行第一次实验。结果他吃惊地发现，放在模型内的牛肉、羊肉、鸡蛋、花朵、死青蛙、壁虎等果然变干而不腐。实验获得初步成功后，他就与布菲通信，两人保持着经常的联系。

杜拜尔不断地试验，探讨模型内究竟存在什么能量。有一次，他将一把刮胡子刀片放在模型内，满以为它将变钝，但结果却相反，刀片变得更锋利，他用这把刀片刮了 50 次胡子。这样，他就开始研究金字塔模型对刀片的影响。他做了一个 15 厘米高的模型，把刀片平放在塔内距塔底 1/3 高的地方，刀片的两端对准南北方向，模型本身也按南北放置。几次试验，结果雷同。一种极其简单而又神奇的磨刀片器——马粪纸的胡夫金字塔模型就这样发明了。

1949 年，杜拜尔正式向捷克首都布拉格有关部门申请注册“法老磨刀片器”的发明权。在捷克，一般专利发明权至多 3 年即可批准。但这项编号为 91304 的发明经过了整整 10 年的周折，直到 1959 年才批下。其间，杜拜尔竭力说服专利委员会，并向委员会主席提供了一个模型。该主席亲自进行试验，最后表示这项发明确有实效，它并不是什么欺骗或魔术。与此同时，杜拜尔还探索模型磨刀片的原理。杜拜尔在一家无线电研究所工作，他可以了解当时世界上最新的科技情报。并充分利用所里的设备与仪器。他把实验扩大到收音机、雷达、宇宙线和其他射线中，研究用马粪纸这样的绝缘体制成的金字塔模型，其内部的空间产生着什么样的震荡，这种震荡又和地球磁场与刀刃之间有什么关系。最后，他得出一种假设，或称为一个定理：来自太阳的宇宙微波，通过聚集于塔内的地球磁场，活跃了模型内的震荡波，使刀片“脱水”变锋利。

这种特性不局限于胡夫金字塔模型，其他形状和大小的金字塔模型也能对刀片产生同样的作用。他在申请专利权的报告中说，这种磨刀片器与胡夫法老本人毫无关系。金字塔状结构物内部的空间产生着一种自动的更新运动。金字塔空间产生的能量仅仅来自宇宙和地球的引力、电场、磁场和电磁场，它通过太阳发射的混合光线中看不见的射线起作用。在塔内空间激起的这股力量，能减轻由于多次刮胡子而引起刀口内部结构出现的毛病和变钝现象，但是，这股力量的影响仅仅局限于刀口变钝，而不是刀口所受到的外形损伤。因此，这种刀片必须是用上等的钢材制造的。一把刀片通常只能使用 25～30 次，但结果每次用毕后放在金字塔模型内 24 小时，那么，每次刮胡子后的钝化现象即可消除，刀片的使用寿命将会延长。

杜拜尔还说，金字塔内部的空间形状与空间内所进行的自然、化学、生物进程有关。如果我们使用某种几何图形作外形，那么这种外形就会加速或延缓它内部空间里的自然进程。这项发明虽然采用金字塔形，但其他形状的结构空间也可产生这种作用。此外，也可用其他绝缘体来制造这种结构物。为什么一定要用绝缘体呢？他解释说，微波可以穿透绝缘体，活跃模型内的震荡波，而导体则不行。

据说，杜拜尔所发明的“法老磨刀片器”在捷克商店里广泛地出售，人们习以为常地用它来磨刀片。这种磨刀片器在西欧、前苏联、美国、加拿大、澳大利亚等国也很流行。杜拜尔声称，他收到几千封买主的来信，没有一人抱怨这种磨刀片器不灵的。

1970 年，杜拜尔与他人合著的《在铁幕背后的惊人发现》一书问世。书中汇集了他多年来研究“金字塔能”的全部论文。该书很快地被译成多种文字，开创了研究“金字塔能”的先河，在西方掀起了一股试验“金字塔能”的热潮。各种专业的学者和金字塔迷纷纷用马粪纸、塑料、木板、玻璃制作金字塔模型，对它的特性进行了广泛的研究。有一些国家建立了“金字塔产品公司”，专门出售大大小小的金字塔模型，供试验用。有关“金字塔能”的论文和著作大量地发表、出版。1973 年，在美国的华盛顿成立了专门收集各国研究“金字塔能”成果的征集机构。在研究“金字塔能”书籍中，比较出名的有《大金字塔的秘密》、《金字塔能》、《神秘的金字塔能》、《金字塔的心理动力》

等。这些书大多介绍用金字塔及其他形状的模型进行各种实验和各方面的“科研成果”。

一些科学家说，实验的结果表明，把肉食、蔬菜、水果、牛奶等放在金字塔模型内，可保持长期新鲜不腐，现在法国、意大利等国的一些乳制品公司已把这项实验成果运用于生产实践之中，采用金字塔形的塑料袋盛鲜牛奶。据说，比起其他的包装形式，金字塔形内的鲜牛奶存放时间最长。

把种子放在金字塔模型内，可加快出芽。断根的作物栽在模型内的土壤里，可促其继续生长。金字塔形温室里的作物，生长快，产量高。有人建议，为提高葡萄的产量，增加它的含糖量，葡萄棚应搭成正方形，并使葡萄茎正对南北方向，以吸收更多的地磁。

把自来水放在金字塔模型内，25小时后取出，称之为“金字塔水”。这种水在塔里所获得的能源被“禁锢”在水分子之中，它有着许多神奇的功效，可放入冰箱或其他潮湿的地方，长期贮藏，以备不时之需。用“金字塔水”泡茶、煮咖啡、冲牛奶、制作清凉饮料，味更醇；用它烧菜、熬汤，比用普通水味道更鲜美；每天喝杯“金字塔水”能健胃，助消化，医治神经紊乱；用它洗脸，可使皮肤娇嫩；它能消瘀止痛，减轻关节炎患者的痛苦，甚至治好关节炎；它对医治粉刺、黑痣、鸡眼、痈疽、疣肿等皮肤病也有一定的疗效；用“金字塔水”浇灌农作物，可促进作物的茁壮成长，提高产量；用它浇果树、蔬菜和花木，水果和蔬菜的滋味更佳，鲜花更加缤纷馥郁；摘下的鲜花如插在盛“金字塔水”的花瓶里，可推迟凋谢，延长观赏的时间。

金字塔形是一种简单的几何图形，其模型的制作和试验都很简便。据介绍，可采取底边长13厘米，棱长11.4厘米，高8厘米或底边长9厘米，棱长8.55厘米，高6厘米两种比例。模型的大小可根据被试验物情况，从8厘米至2～3米高。试验时一定要对准南北方向，不要把模型靠近墙壁、金属物和电器旁。

所谓的“金字塔能”究竟有没有？它是怎样产生？又是如何引出上述种种神奇的效果？为什么它正好聚集于胡夫殡室的位置上，即塔高1/3的地方？这是巧合，还是古人已掌握了这种能源？各国的金字塔科学们正在千方百计地寻求它的谜底。他们大多认为，“金字塔能”是当代科学还不能解释的“客观存在着的一种自然现象”。在这个前提下，有的认为金字塔形状等于一个大镜头或电容器，里面积聚着无名的能源；有的说金字塔形状能在其内部聚集着宇宙射线、磁性震荡和某些未知的射线；有的设想这种能源是由于某种宇宙的力量和地球引力相结合的产物；有的推测金字塔形内部发生一种高频震荡，影响着人体的细胞和肌肉，使之处于最佳状态；有的解释说，不仅是金字塔形状，各种形状和大小的构造物都会在其内部产生一种力场，一种能源。这种特殊的力场或与自然力场相互抵消，或增强或减弱自然力场。现在他们正在各自的理论的支持下继续着他们的实验研究。

物质可无限再分吗

物质的无限可分性不是什么新理论，我国古代哲学家庄子说：“一尺之棰，日取其半，万事不竭。”就指出了物质的无限可分性。但是，人们对物质的无限可分性，是逐步认识到的，夸克模式的提出，就是人的这一认识的深化。

在人们开始认识物质世界的时候，就提出了各种各样的说法。古希腊的一些哲学家认为，世上各种各样的物质，都是由一些永远不变，不可再分的基本单位构成，他们把这种基本单位叫原子。直到16世纪后叶，才由物理学家证实了原子的存在。后来，意大利科学家阿伏伽德罗又提出了分子学说，补充了道尔顿的原子论。由此人们便形成了这样一种思维模式：物质由分子组成，分子由原子组成，原子不能再分。

到19世纪末，原子不可分的模式受到了冲击，美国科学家汤姆逊发现了比原子小得多的粒子——电子。接着科学家们查明，原子中心有一个很小的原子核，有些电子围着原子核运转。到20世纪30年代，人们又发现了原子是由质子和中子组成的。质子带正电，中子是电中性，二者比电子重1800多倍。后来人们又发现，电磁波和光也是由叫光子的粒子组成。这样，人们就发现了比原子更深入的一个新层次——属质子、中子、电子一个层次的正电子、中微子、μ子、τ子等。人们以为发现了构成物质世界的最基本单位，因此就称为基本粒子，认为它们是组成各种物质的永远不变、不可再分的基本单位。

可是后来人们发现的一些现象说明，基本粒子并不“基本”，在强子内部，还应有更小、更基本的东西。

对此，日本物理学家权田昌一于1956年提出了著名的坂田模型，认为强子是由质子、中子、A超子等3种基础粒子及其反粒子组成。到了1964年，美国物理学家盖尔曼改进了坂田模型，保留了3种“基础粒子”，但不是质子、中子和A超子，而是由某种未知的、具有一定对称性的东西——夸克组成。我国则习惯把“夸克”叫“层子”，意为是比电子、质子、中子这些基本粒子更下层的粒子。

盖尔曼的夸克模式指出，这种粒子的最大特点是带分数电荷，并设想可能存在3种夸克——质子夸克、中子夸克和奇异夸克。到1974－1976年间，有人又把夸克家族增加了3个，即粲夸克、上夸克、下夸克。总计6个夸克。

既然设想到了夸克的存在，那么夸克到底在什么地方呢？有人认为夸克像蹲监狱一样，被关在强子里面。强子就像一个口袋，夸克被关在里面，它可以在口袋里自由运动，但不允许离开口袋，要想把夸克从口袋里弄出来，必须提供极大的能量，但在目前还办不到。

尽管夸克还处在假设阶段，有些物理学家又开始考虑比夸克更下一层的粒子了。欧洲核子研究中心的德·罗杰拉已经为组成夸克的粒子起名为“格里克”。后来，人们提出了五花八门的亚夸克模型，起了各种各样的名称，如亚夸克、前夸克、前子或初子，还有叫奎斯、阿尔法的。1974年，美国物理学家帕堤和萨拉姆提出了这样的亚夸克模型：①味子：p、n、λ、x，自旋 $s=1/2$；②色子：r、y、g、1，自旋 $s=0$。它们可构成夸克 $u_r=(p_r)$、$u_y=(p_y)$、$u_g=(p_g)$ 等；还有构成轻子：$e=(n_1)$、$y_u=(x_1)$、$\mu(\lambda_1)$ 等等。1977年，日本东京大学核物理研究所寺泽英纯教授在以上模型基础上，又提出了一种新的模型：夸克＝味子＋色子＋代子，这些味子、色子和代子，均是自旋为1/2的亚夸克。不管提出的模型有多么不同，但都认为夸克还有下一个层次，所以，我国把亚夸克又称“亚层子”。

到底夸克是个什么面貌？亚夸克是否真的存在？这些都还没有结论，正期待着人们去揭示它。

真空之谜

1654年，科学家葛利克做过一个名垂科学史的实验。他用铜精制了两个大半球，并将它们对接密封起来，用他自己发明的抽气机将球内空气抽出，派16匹马背向对拉两半球，马最终竭尽全力才拉开。这表明我们周围并非什么都没有，而是充满空气，它对物体施加压力（球内空气密度因抽气远小地球外的，这导致球外压力远大于球内的）。球内经抽气后的空间叫做真空。

真空其实不空。直至今天，科学家都不能完全排除甚至某一小范围内的空气。电视机显像管需要高真空才能保证图像清晰，其内真空度达到几十亿分之一个大气压，即其内1立方厘米大小的空间有好几百亿个空气分子。在高能加速器上，为防止加速的基本粒子与管道中的空气分子碰撞而损失能量，需要管道保持几亿亿分之一个大气压的超高真空，即使在这样的空间，1 立方厘米内还有近千个空气分子。太空实验室是高度真空的，每立方厘米的空间也有几个空气分子。

上述以抽出空气方式得到的真空叫做技术真空，它并不空。科学家称技术真空的极限，即完全没有任何实物粒子存在的真空，为“物理真空”。它非但不空，而且极为复杂。按照英国物理学家狄拉克的观点，它是一个填满了负能电子的海洋。狄拉克结合狭义相对论和量子力学，建立了一个描述电子运动的方程。它一方面十分正确地描述了电子运动，另一方面又预言了科学家当时尚未认识的负能量电子。自然界一切物体的能量总是正的。高山流水有（正）能量，能冲刷堤岸，推动机器。高速运动电子有（正）能量，能使电视荧光屏发光。电子具有负能量，就意味着加速它时，它反而减速；向左推它时，它向右运动。而且电子总处于放能过程中，如同高山流水总往低处流一样。电子的能量将越来越负，高山流水最终还只能流到大海，电子能量则将负至无穷，这意味着一切宏观的物体均将解体。这显然是荒谬绝伦的。按照量子力学，两个电子不能处在完全相同的状态上，就如一个座位通常只能坐一人不能坐二人一样，狄拉克认为，所有负能状态通常是“满员”的，被无穷多的负能电子占据。因此，正能电子其实是不能永无止境地发射能量的，其能量甚至不能降至零。这意味着，即使一个没有任何实物粒子的空间，也是一个充满无穷多个负能电子的大海。一个负能电子可通过吸收足够多的能量而转变为具有正能量的普通电子，尔后在负电子海洋中留下一个空穴，即少了一份负能量和一个负电子，这相当于给了海洋一个带正电荷和正能量的反电子（或正电子）。1932 年，美国物理学家安德逊果然找到了它，狄拉克的理论也终为大家所接受。质子和中子也有负能反粒子，物理真空还可分别由它们（负能质子或负能中子）填充。在物理真空中，正反粒子对可不断地产生，消失或消失后又产生，它们生存时间短，瞬息万变，迄今还未观测到，称为虚粒子。它们在一定条件下可产生一些物理效应。例如，一个重原子核周围的虚核子（反质子和反中子）在强电场作用下，会排列起来，出现正负极性，称为真空极化，这将影响核外电子的分布，导致原子核结构改变。

粒子（如电子）与反粒子（如电子）碰到一起，变成一束光；反之，一束强光也可从物理真空中打出粒子与反粒子，质子与中子等并非终极基本粒子，而是由更基本的“夸克”组成。夸克有6种“味”，即上夸、下夸克、粲夸克、奇异夸克、顶夸克和底夸克。它们在质子中子等粒子内部几乎作自由运动，但不能脱离这些粒子而单独存在。它们似乎被一种强大的力囚禁了起来。按照“口袋模型”，粒子就如物理真空中运动的口袋，口袋里装有夸克，夸克间存在很微弱的相互作用，由一种叫做胶子的粒子传递。粒子衰变或破碎为两种或两种以上的其他粒子时，可看做一个口袋变成两个或两个以上的口袋。同样，两个或两个以上的粒子聚合成一个大粒子，就相当于多个口袋合成一个大口袋。于是，在破碎和聚合过程中，永远找不到单个夸克，口袋的分解或聚合就如液体（如肥皂水）中气泡的分解和合成。气泡内气体分子是自由运动的，大气泡可以分解成小气泡，小气泡也可合并成大气泡。若基本粒子如小气泡，则物理真空就如液体。这种液体性质独特，它只能一对对地产生气泡，或一对对地消失。按照口袋模型，口袋里面（或气泡里面）叫做简单真空，外面是物理真空，这形成真空的两种“相”。物理真空在一定条件下可变成简单真空，就如日常生活中三相间的转变一样。固体受热变液体，液体受热变气体，这些只需几百度或成千上万度就可发生。温度高达几十万、几百万或几千万度时，气体原子就要解体，变成叫做离子的带电粒子。同样，温度足够高时，口袋也将解体，质子、中子等基本粒子不再是基本的物质形式，它们将成一锅由夸克和胶子组成的高温粥，称为夸克—胶子等离子体，物理真空也就成了简单真空。

计算机模拟实验表明，物理真空熔化为简单真空需2万亿度以上的高温，这个熔化的物理真空也叫“熔融真空”。重原子核可以包含上百个质子和中子，其内空间正常状态下是个很好的物理真空。科学家希望通过碰撞来加热它，使其熔化，获得简单真空。目前在高能实验室中，质子和原子核间的碰撞能量已达几百兆电子伏特，这已相当于将原子核（局部）加热到了几万亿度，但由于质子（与原子核比较）大小，只将原子核穿了一个洞，并未将整个原子核熔化。科学家正在设法利用重原子核间的碰撞来实现熔融真空。熔融真空实验之所以重要，不仅在于它能直接检验关于基本粒子结构的一些理论假设，还在于其实验结果可能有助于科学家理解宇宙的早期演化。按照大爆炸模型，我们的宇宙始于约200亿年前的一次巨大爆炸。爆炸发生的一瞬间，温度远远超过熔融真空所需温度；故早期的宇宙应是夸克—胶子等离子体。随着宇宙的膨胀，温度逐渐降低，简单真空转化过程中，应存在由 50 个或以上的夸克所组成的物质结构（通常的粒子只包含 2 个或 3 个夸克）。熔融真空实验是对这种早期宇宙演化的模拟，是一种理解宇宙演化的重要手段。为测量真空熔化时放出的大量粒子，需在非常小的锥体内同时测量上千个粒子。迄今还没有人能够在一次碰撞事例中测量上百个粒子。科学家即使使用他们最娴熟的乳胶探测器，尽管其分辨率很高，也无能为力，它也不适宜于探测高能加速实验中的夸克—胶子等离子体。这些困难经常困扰着科学家并激励他们去解决。

反引力之谜

强度随距离平方而减少的场有 2 种，一种是电磁场，一种是引力场。这种减少是比较缓慢的，因此即使在很远的地方，也能发现这 2 种场的存在。地球离开太阳有 1.5 亿千米远，但仍被太阳的引力场紧紧地抓住不放。

但是，在这 2 种场当中，引力场又比电磁场弱很多。一个电子所产生的电磁场要比它所产生的引力场大约强 4 亿亿亿亿倍。表面上看，引力场似乎更强大，比如每次我们从高处跌落下来时，都会因为引力而重重摔痛，这只是因为地球太大了的缘故。由于地球的每个小块都对引力场有贡献，一点点加起来，总的引力场就显得可观了。

可是如果我们拿出 1 亿个电子，并让它们散布在地球那么大的空间里。这些电子所生产的电磁场，就会和整个巨大的地球所建立的引力场一样强大。

那么为什么我们对电磁场的感觉不像对引力场那样明显呢？这是由于二者之间是不同的，电荷有 2 种——正电荷和负电荷，因此，电磁场既可产生吸引作用，也可产生排斥作用。事实上，如果在像地球那么大的体积内除了 1 亿个电子之外别无他物的话，这些电子就会互相排斥，远远地散开。由于电磁吸引力和排斥力的作用，会使正电荷与负电荷均匀地混合起来，这样 2 种电荷的效应就趋于互相抵消。至于电荷数目的及其微小的差别，是可能存在的。我们所研究的，也正是这种多一点或少一点某种电行时的电磁场。然而，引力场看来仅仅产生吸引力，每一种具有质量的物体都会吸引其他具有质量的物体，而当质量增加时，引力场就会增大，而且不会抵消。

如果某个具有质量的物体能排斥另一个具有质量的物体，而且强度和排斥方式正好与一般情况下彼此互相吸引时一样，那么我们就得到了“反引力”，或叫“负引力”。

人们还从未发现这种引力排斥作用，不过，这很可能是由于我们所能研究的一切物体都是由普通的物质微粒构成的缘故。

世界上存在着一种“反粒子”，它们在各方面都与普通的粒子相同，只是它们所产生的电磁场恰好同普通粒子相反。例如，如果某一种粒子具有负电荷，相应的反粒子就会有正电荷。也许，反粒子也会具有相反的引力场。2个反粒子会像2个普通粒子一样以引力互相吸引，但是一个反粒子却会排斥一个普通粒子。

麻烦的是，引力场太微弱了，只有在相当大的质量下，才能发现引力场，而单个粒子或反粒子的引力场是无法发现的。我们能得到普通粒子构成的大质量，但到现在仍未能将足够的反粒子搜罗到一起。而且时到今日，也没有哪个人能够提出一种能够发现反引力效应的切实可行的办法来。

金属疲劳之谜

金属跟人一样超过了一定限度，就会疲劳。

用铁丝做个实验，如果直着去拉，那是很难折断的，但要是反复弯折，就很容易弄断了。这说明，像钢铁这样的金属，在反复变化的外力作用下，它的强度要比在不变外力作用下小得多。人们便把这种现象叫做金属疲劳。

金属虽然像人一样会发生疲劳，但却同人的疲劳有着本质的区别：人疲劳后，经过一定的休息就可以恢复，而金属疲劳则永远不能恢复，因而造成许多恶性破坏事故，如轮船沉没、飞机坠毁、桥梁倒塌等。据估计，在现代机器设备中，有80%～90%的零部件的损坏，都是由金属的疲劳造成的。因为金属部件所受的外力超过一定限度，在材料内部抵抗最弱的地方，会出现人眼察觉不到的裂纹。如果部件所受外力不变，微小的裂纹就不会发展，材料也不易损坏。如果部件所受的是一种方向或大小经常重复变化的外力，那么，金属材料内部的微小裂纹就会时而张开，时而相压，时而互相研磨，使裂纹扩大和发展。当裂纹扩大到一定程度，金属材料被削弱到不再能承担外力时，只要有一点偶然的冲击，零部件就会发生断裂。所以，金属疲劳造成的破坏，往往都是突如其来，没有明显的迹象让人察觉。

金属“疲劳”一词，最早是由法国学者彭赛提出来的。但对金属疲劳进行研究的，则是德国科学家A·沃勒。他在19世纪50年代，就发现了表现金属疲劳特性的S—N曲线，并提出了疲劳极限的概念。尽管对金属疲劳的研究已经有100多年了，作为综合性的应用学科，已经从物理学的固体力学和金属物理学领域中分离出来，但许多问题仍没有得到解决。

现在，人们对金属的疲劳问题仍在不懈地探索着。其中人们最为关注的，是如何对现代化工业设备采取预防和保护措施，防患于未然。比如，选择具有较高抗疲劳性能的材料，防止应力集中，合理布局结构，提高构件表面加工质量和采用一些新技术和新工艺等。

再就是从理论上探讨金属疲劳造成破坏的原理是什么。在这方面，科学家们进行了各种各样的分析和研究。在疲劳破坏机理的研究中，就有人提出循环软化、滑移、位错、空洞合并和拉链等说法；在疲劳积累损伤方面，目前已建立了几十种损伤理论，包括线性理论、修正理论经验公式和半经验公式等；在疲劳裂纹扩展方面，已提出了几十个裂纹扩展公式。但这些观点和实验方法，都具有很大的局限性和片面性，还需科学家们付出更大的辛劳和努力。希望金属疲劳之谜在不久的将来会得到解答。

反重力技术

南太平洋波纳佩岛东南有一个叫泰蒙岛的小岛，在这个小岛延伸出去的许多珊瑚礁浅滩上耸立着一座座用巨大的玄武岩石柱纵横交错垒起的高达4米多的建筑物，像是一座座神庙。岛上充满了离奇、神秘的传说。在岛上也曾发生过类似“法老的毒咒”这样令人毛骨悚然的事情。德国总督伯格和德国考古学家卡伯纳遭到了与发掘埃及古墓的英国爵士卡莫洛斯及其助手一样的悲惨命运。据估计整个建筑用了大约100万块玄武岩，是从小岛北面的采石场开凿、加工成石柱后运到这里的。专家们估计，这需要1000名壮劳力从事劳动，那么光采石就需655年，每一根石柱用人工加工三角形或六角形棱柱也需200～300年，最终完成这一工程则需1550年。专家们认为，根据岛上当时的人口状况也不可能完成此项工程。美国的一调查组用C_{14}法对遗迹进行了测定，表明这一工程是在距今800多年前，即公元1200年前后完成的，公元13世纪是萨乌鲁鲁王统治波纳佩岛时期，所以调查组设想环绕该岛的南·马特尔遗迹是作为王朝的要塞兴建的。可是王朝创始于公元11世纪，在经历了200年的兴盛后就灭亡了。在这样短的时间内怎么可能完成如此艰巨的工程呢？

于是，有人提出了第六大陆文明的假说，1868年，驻印度的英国军官却吉伍德从一位高僧珍藏多年而又从未向外透露的几个泥塑板上破译出了其中的记载：远古的太平洋上存在着辽阔的第六大陆，它包括东到夏威夷，西到马里亚纳群岛，南到波纳佩岛和库克群岛的广大区域，是人类最早的发祥地，距今约 5 万年前，文明发达，技术先进，昌盛一时，在 12000 年前因大地震而沉陷海底。这与中国的《山海经·海外西经》中的奇肱国的记载不谋而合。中国古籍记载奇肱国离玉门关 4 万里，那里的人能制造、驾驶飞车，随风游行四方。因此，却吉伍德认为，现今南太平洋上的无数岛屿是第六大陆的残骸，而南·马特尔遗迹就是泥塑板上记载的第六大陆文化中心的七城市之一——罕拉尼普拉。但是，长年从事波纳佩岛与第六大陆文明关系研究的詹宁不同意却吉伍德的观点，认为第六大陆的真正文化中心是在现今夏威夷岛东北 5～6 千米的地方。他认为，泥塑板上记载的是古印度的历史，文中所描述的当时已有像今天的飞机一样能在空中飞行的机械，与古印度梵语叙事诗“摩呵婆罗多”中的记载相似。他认为第六大陆的文明和科学与今天的科学不同，有控制重力的能力，即掌握了反重力技术，今天印度瑜伽行者能使身体漂浮在空中的能力也属于第六大陆文明之列。由此，美国反重力工程学专家戴维认为通过反重力工程学的研究，也许可以揭开南·马特尔遗迹之谜。并根据由爱因斯坦统一场论导出的和研究 UFO 所谓的音叉装置提出的声共振作用产生反动力的假说，企图以此来说明南·马特尔遗迹巨石建筑的巨石是用反重力控制法空运来的。他还指出阿波罗计划的登月舱装着火箭只是为摆脱月球的重力，是一种军事上需要的伪装，而与此同时，也使用反重力装置。那时，第六大陆文明高度发达，传播四方，因此，古老美洲的种种神秘建筑可能与第六大陆文明的飞车、反重力技术等有关。

那么，到底什么是反重力呢？反重力就是排斥物体的力，是同重力相对而言的。众所周知，有了万有引力，才有了自由落体的完善理论。但是近年科学家们的一些实验对此提出了挑战。著名物理学家费希巴赫根据对 K 介子衰变速度在接近光速时其延长寿命比爱因斯坦的相对论预言的要长的研究，又做了大量自由落体的实验，提出了反重力的概念。他认为，反重力与称为超荷的粒子结合，这个排斥力也许与原子内的中子与质子的总数成比例。这就意味着从 9 米高处落下的羽毛比同样高度落下的铅球几乎早十亿分之一秒落地。理由是，铅球有更密集的质子和中子，具有更大的超荷。由这个超荷产生的反重力使物体远离地面，致使铅球的落下稍为推迟。这是现代物理学家的理论认识。

学者们认为，第六大陆文明已经认识了反重力，就像人们在 19 世纪认识磁力一样。今天，电磁担当了磁悬列车、火箭、电话、激光等技术的中枢，而这在 100 年前则是无法想象的。掌握了反重力技术，像建造美洲古代建筑这样复杂的工程就易如反掌了。但这一切都只是猜测推理，需要确凿的证据来证明，所以，它还是个有待解开的谜团。

奇特的放电现象

在世界上许多国家都发现了奇怪的放电现象，这种放电现象都造成了一定的破坏。可是对这种奇怪的现象，至今还没有一种令人满意的解释。

早在 1817 年 1 月的一天，在美国绿山山脉的许多地方的上空大气层里可以看到一种发光现象。这种发光现象很像蜡烛火焰，往往出现在向上突起或带尖的物体上方空间，正在行走的人会突然看到自己头部周围环绕着这种光，或被比阳光弱的光团包围着。当地的人们只要举起自己的手，好像光就从手指发出。

1894 年 12 月的一天，美国怀俄明州拉腊米堡地方，也发生了一次奇异的放电现象。那天上午 10 点左右，下起了一阵罕见的暴风雨，一直延续到下午 7 点。风力最大的时候，许多坚固的建筑都毁于一旦。在暴风雨大作的时候，许多地方都能明显地感受到电流的存在。有些用铁丝绑的篱笆都着了火，没有铁丝绑的篱笆，则安然无恙。有的牛因触到了带电的篱笆而被电死。有人因碰到金属上而受到了电击，好几个月都不能恢复正常。

1964 年 3 月 3 日，亚利桑那州的图森市也遭受了一场罕见的暴风雪的袭击，同时也发生了一种更为罕见的放电现象。在整个下雪过程中，在这座城市的上空不断出现一种短暂的“闪光”现象，每次间隔的时间为 15～20 秒。这次放电有许多奇异的特征，它是一种单一出现的短暂“闪光”现象，不像通常闪光那样往往伴随着一种忽隐忽现地闪动，不像普通闪电进行的那样激烈、迅猛，也看不出它们与周围笼罩着的一片黑暗阴影形成界限分明、强烈的对比。另外，当这种闪光出现时，没有听到过一次雷声，同时也没有发现它与无线电中出现的静电干扰两者之间有任何关系。这种闪光是从一些在地面上或十分接近地面的地方产生的，它照亮了飘落的雪花和周围的云层。

1971 年 5 月 11 日，在美国新墨西哥州东南白沙的一片石膏岩沙丘地带，人们也发现了一次有趣的放电现象。这是一个狂风大作的天气，正当强风把沙石漫天吹起的时候，从沙丘顶部一直往上到它上面几米的上空这样大的范围内，都可看到电火花现象出现。这些电火花沿着直线向上延伸，看不出有任何分岔现象。通过仪器看到，这时有非常剧烈的电场梯度变化，其变化量的极性有正向的，也有负向的。

对这种奇怪的放电现象，人们做出了各种各样的解释。

对 1971 年新墨西哥州发生的那次放电现象，有人分析，是由于某些电流通过空间电荷管状区，引起空间电荷密度的相应突变而出现的。

对 1964 年发生在亚利桑那州的那次放电事件，有人做过这样的分析：在湿润的雪花上，存在着相互隔离，以小阱方式存在的电荷被带到地面，在这场暴风雨进入尾声时，最后把空间电荷耗尽了，便形成了这种放电现象。

要想对这种放电现象做出令人满意的解释，还需掌握更多的有力证据。

室温核聚变现象之谜

1989 年 3 月 23 日，美国化学家犹他大学化学系主任斯坦利·庞斯和英国化学家南安普敦大学的马丁·弗莱希曼教授在新闻发布会上宣布：他们经过 5 年多的研究，使用简单的实验装置，实现了“室温核聚变”。这不啻一声惊雷，震惊了全世界，更给肃穆神秘的核聚变研究带来了活力。

所谓核聚变反应，就是两个较轻的原子核聚合，形成质量较大的核，同时放出巨大的能量。恒星内部就在进行着这样的反应，它向外辐射的能量（如光等）就来自这样的反应。例如，太阳内部现在在进行着氢核聚变成氦核的反应。每秒燃烧约 500 万吨氢，每年向外辐射出约 3.0×10^{31} 千卡能量。人工核聚变反应首先是用加速器实现的。1920 年，世上第一台实用粒子加速器由英国物理学家考克罗夫特和贾尔顿制造成功。1933 年，科学家用加速器做实验时发现，较轻的氘原子核能聚变为较重的氦原子核，并释放出巨大的能量和中子。据估计，1 千克氘聚变时释放出来的能量相当于 1000 万千克煤燃烧时所产生的能量。对面临能源枯竭的人类来说，这实在太诱人了。地球上含有约 100 万亿吨氯（海水中就含有大量氘，氘结成的海水约占整个海水的 1/6000），若能将这些氘都利用起来，人类就不必为能源即将枯竭而发愁了，它们聚变时释放出来的能量足够人类使用好几百亿年！而且聚变能在使用过程中既不会产生放射性废物，也不会产生烟尘、酸雨和温室效应，是一种十分干净的能源。

然而，核聚变能并非唾手可得。

要使两个氘原子核发生聚变反应，须使它们彼此靠得足够近，在10～15米以内，这时核力才能将它们“黏合”成新的原子核。然而，氘原子核带有正电荷，当它们相互接近时，将受到强大的静电斥力的作用，越近斥力越大，两核的静电势能也越大。于是，静电势能（或斥力）犹如一座大山，把两个原子核分隔了出来，使它们无法接近。只有当两个原子核以极高的速度（每秒1000千米以上）相对运动时，才能使它爬上那座静电大山，相互间才能接近到核力（束缚力）起作用的范围，于是聚配成一个新核——氦核。为使氘核间的相对运动如此快，可将它们加热到上亿度的高温，这时氘就会“燃烧”起来（即发生聚变反应）。在如此高的温度下，任何材料都将被气化而不复存在。因此，科学家只能采用非实物材料制成的无“形”壁——磁约束和惯性约束来“装”处于核反应中的氘核。几十年来，人类在这方面的研究虽已花费了巨大的人力和物力，但进展甚微，至今尚处于实验室阶段。

在这似乎“山穷水尽”的时候，庞斯和弗莱希曼的“成果”无异显示出了核聚变研究的“柳暗花明又一村”。这两位化学家曾在美国盐湖城的米尔克里峡谷郊游时，交谈了各自的想法，提出了新的设想，决定独辟蹊径实现核聚变反应。他们自筹资金10万美元进行实验。他们的实验设备和方法相当简单，与大学里的一般化学实验很相似。在一个15厘米高的试管里装满了电解液，这是一种由含氘的重水和少量氘氧化钾等组成的液体，温度为27℃，试管外面绝缘，重水中放置两个电极，钯为阴极，铂为阳极。在室温条件下，当正负两个电极间通以每平方厘米100毫安量级的电流时，奇迹出现了。他们发现，氖在电流作用下释放出大量的热能，其释放出来的能量是输入的4倍（目前已提高到100倍），并发现了核聚变反应应释放出来的另两种典型物质：氦和中子。这一切预示着反应并非化学反应而是聚变反应。于是，他俩先后给《电分析化学》和《自然》杂志寄发了两篇论文。向全世界宣布，他俩应用简单的方法实现了人们梦寐以求的室温核聚变。

庞—弗实验震惊了科学界。科学家在惊讶的同时，迅速纷纷走进实验室，检验庞—弗实验。在短短一个月的时间里，美国、匈牙利、前苏联、意大利、民主德国、日本、巴西、波兰等国家以及我国中国科学院化学研究所和北京师范大学的科学家也相继宣布：他们已重现或部分地重现了庞—弗实验。然而，也有不少实验小组未能重现。其中有好几个是世界上久负盛名的实验小组。如英国的哈韦尔核实验室、美国的马萨诸塞技术所、劳伦斯·利弗莫尔国家实验室和布鲁克海文国家实验室等。科学界于是形成了截然不同的两种观点。一种是肯定的观点。持这种观点的主要是那些重现过庞一弗实验的科学家，他们无意撤回自己的观点，否定自己的实验。还有一些核物理的权威也认为是可能的，如被称为原子弹之父的劳伦斯·利弗莫尔实验室名誉主任爱德华·特勒博士就说："刚开始听到这个消息时，我觉得那是绝不可能的。现在看来，很有可能是我完全错了。"不少理论物理学家还从理论方面阐述了室温核聚变的可能性。例如，美国麻省理工学院电气工程和计算机系副教授彼得·黑格尔斯坦就提出了室温核聚变的推测理论，并已申请了专利，我国著名原子物理学家苟清泉教授也提出了一种理论解释。他认为，氘（重氢）原子被把吸收而进入其晶格的八面体间隙位置时，会受到周围6个钯原子核吸引。这使氘原子公电子的电子云扩展成一个大球，于是氘核与价电子的结合就减弱了，行动比较自由。而相邻两个沉浸在电子层中的氛核则由于电子云（大球）的摒蔽，其间库仑斥力大大减弱，于是，它们在室温下也能碰撞，靠近到核力起作用的距离，从而出现核聚变反应。

另一种是怀疑的观点。持这种观点的科学家主要有下述3部分。一部分认为，庞一弗实验被舆论大大夸张了，实验结果还远未达到目前所宣传的程度。另一部分认为，庞一弗实验的结果也许是由于实验差错形成的。还有一部分则认为，庞一弗实验根本就不是核聚变反应，而是化学反应。怀疑终归怀疑，他们（持怀疑观点的科学家）还没有断然否定庞一弗实验。他们知道，一些新发现往往是在有悖常情的情况下开始的，这在科学史上屡见不鲜，而且室温核聚变也实在太迷人了，它若能实现的话，将导致一场重大的能源革命。故庞一弗实验至今还是一桩悬案，还有待科学家进一步查明。

电子是振动弦吗

自从电子被发现之后，绝大多数物理学家都认为它是一个"点"，是粒子。电子是基本粒子之一。20世纪90年代后期，有人创造一种新理论，提出电子不是点粒子，而是一根振动的小弦。物理学家们为此陷入了争论之中。

赞成电子是振动弦的物理学家认为，在微观世界，不仅电子是一根振动的小弦，而且质子、夸克等微小粒子也都是由弦构成的，2个和3个夸克之间互相起作用，就好像是用橡皮筋连接在一起，运动起来就像一根扭曲的弦。这些说法来自“超弦”理论。根据这一理论，电子、质子和夸克等等粒子都是由弦构成的。

“超弦”理论提出之后，使一些物理学家产生了浓厚兴趣。因为用这个理论可以解释用基本粒子理论无法解释的物理现象。长期以来，有一个物理问题最让物理学家头疼，这就是把电子看成点粒子，计算它的电场和引力场，就会计算出电场和引力场都存在着无穷大的能量。显然，这与实际不符，也是不可能的。如果用量子力学进行计算，又出现电子图像模糊。

为什么会产生这样的情况呢？有的物理学家认为，电子不是一个点粒子，而是一根振动弦。如果是这样，电场和引力场有无穷大的能量问题就成为不可能。而且，用此理论可以处理所有基本粒子的相互作用和无穷大问题。这样看来，超弦理论实现了物理理论的大统一，它是一种包罗万象的理论。所以，一经提出，就使整个物理学界为之振奋。有人认为，这是物理学的一次革命，有着深刻的意义和理论价值。

但是，超弦理论也有说不通的地方。人们生活的经验告诉我们，我们是生活在四维时空。小到微观世界，大到宇宙空间，都是三维的。如果把时间也算作一维，就成了四维时空。有了四维时空，我们就可以知道客观世界是怎么回事了。从古至今，人类就在四维时空中生活。

如果按照超弦理论，就应该有一个十维时空的背景，我们怎么也想象不出那多出来的六维时空是怎么回事。不论是谁，哪怕是物理学家自己，也只能感受到四维时空，即4个自由度，那6个自由度怎么也感受不到。物理学家说，那6个自由度都卷缩起来了。人的眼睛是看不到的，生活也感受不到。

既然电子是一根振动的小弦，这个弦又有多大呢？科学家计算这根弦没有任何内部结构，弦的大小是10^{-22}厘米。弦的大小大约是原子核的十万亿亿分之一。用一个形象比喻说明其大小，相当于太阳系与一个原子相比。

这么小的弦，能测得出来吗？现在不可能，未来或许可能。科学家说只要能造出比现有加速器快10倍的加速器，就能观察到“弦”。不过，目前对此还无能为力。

中微子的质量是零吗

在研究放射物质时，科学家们注意到一个现象，原子核放出一个电子（或正电子）的时候，会带走一些能量。经物理学家仔细计算，损失的能量比电子带走的能量大，有部分能量丢失了。但不知道怎么会丢失的。

这一现象，与物理学中的能量守恒定律相违背。难道能量守恒定律靠不住了？

奥地利物理学家鲍利经过研究之后，解释说，放射性物质在放射线中，不仅有电子，同时还有一种我们尚未认识的粒子。就是这个神秘粒子带走了那些丢失的能量。物理学家费米对鲍利的观点十分称赞，他还给这个未露面的粒子取名为“中微子”，即中性的微小粒子。但许多物理学家不相信中微子的存在。为了证明中微子的存在，必须捕捉到中微子。

于是，主张中微子存在的科学家设计了一套严密的捕捉方法。因为中微子是中性的，不带电，不参与电磁作用，它又速度极快，接近光速、穿透力极强，来无踪去无影，这就大大增加了捕捉中微子的困难。从鲍利提出中微子的存在到真正捕捉到，这中间经过 25 年时间，可想而知其中的艰难程度。

首先提出探索中微子的建议的科学家，是中国人。他就是王淦昌院士。他在 1942 年设想了一个探测中微子的方法。他的这一建议后来为一位美国科学家所接受。通过实验证实了丢失的能量的确是被中微子带走了。经过 10 多年的不懈努力，1956 年美国物理学家柯文和莱因斯向世界宣布他们捕捉到了中微子。

这两位科学家做了一个很大的探测器，把它埋在一个核反应堆的地下，而且埋得相当深。经过一个相当时间，他们终于测到了从核反应堆中放出来的中微子。这是物理学家首次通过实验证实了中微子的存在，是很了不起的重大发现。不久，物理学家又捕捉到从宇宙空间射来的中微子。

中微子是发现了，但是仍然留下许多难以解释的谜。例如，让科学家们感到奇怪的是中微子数量不够，总是比预期的数量要少，而且这个“漏网”的数量还很大。为什么物理学家不能全部捕捉到中微子呢？另一个不可思议的问题，是中微子的质量问题。质量，是粒子的重要性质。在所发现的粒子中，物理学家都可以测出它们的质量，也不存在什么困难。唯有中微子的质量怎么也定不下来。

美籍华裔科学家，诺贝尔物理学奖获得者杨振宁和李政道经过理论分析，认为中微子的质量是零，即没有质量，所以，在真空中才以光速运动。但是，其他一些物理学家持怀疑态度。他们不相信中微子的质量是零，认为下的结论尚早，需科学实验加以验证。

到底中微子有没有质量呢？前苏联和美国的物理学家进行了卓有成效的测定，他们测出了中微子的质量。但没有多久，别的科学家重复他们的实验时，测出来的质量数据又不一样，很像是零。因此，这一结论又陷入困境之中。最近的报道又称测到了中微子的静止质量。

不论中微子有没有质量，都留下一连串的谜。期待科学家能对这一问题作出一个明白无疑的结论。

存在超光粒子吗

我们知道光的传播速度为每秒 30 万千米。如果要说得精确，光速每秒为 299792.458 千米，这是光在真空中的传播速度。这个速度相当于每秒绕地球 7 圈半。

光速的测定，无论是在地球上静止测量，还是在宇宙飞船中运动测量，数值都是不变的。也就是说，光速不受光源的影响，也不受观察者运动速度的影响。它是绝对值，这就是光速不变理论。爱因斯坦的相对论告诉我们，光速是最大的速度，任何物质运动的速度都不能超过光速。对此，人们坚信不疑。

如果在世界上有比光速运动更快的物体，爱因斯坦的相对论也就不成立了。事实也证明，在地球上，在我们日常生活中，的确找不到有比光速更快的运动物体。问题是，在地球上没有，不等于说在茫茫宇宙中也不存在。在基本粒子世界里，会不会有超光速现象呢?

物理知识告诉人们，高能粒子运动的速度是极快的，在高能加速器中，运动速度可以达到 20 万千米/秒，甚至 25 万千米/秒，那么其中会不会出现超光速的粒子呢?

就在人们对此产生怀疑时，有一个现象被前苏联科学家切伦科夫发现。光在水中的传播速度要比在真空中慢，而高能粒子在水中的速度却超过光速。切伦科夫发现的这一现象后来被其他科学家所证实。因此，这一现象的发现无疑打开了人类的视野，认为在自然界中存在超光速的粒子，取名为“快子”。这样，有的物理学家据此把基本粒子分为 3 类：慢子、光子和快子。慢子，其速度不超过光速，比光速慢的意思。而光子的速度就是光传播的速度，即 30 万千米/秒。快子，是比光速快的粒子。不过这样的划分，还是一种设想，关键是要找到“快子”。如何去发现快子，又成了一个谜。以上是微观世界中的猜想。

天文学家在 20 世纪有一个重大发现，即类星体的发现。类星体是一种很特别的天体，用天文望远镜接收到这类天体的无线电波，制成相片，看上去有点像恒星，但又不是恒星，所以命名为类星体。对类星体进行观察，发现存在超光速现象。开始发现一个叫 3C120 的类星体，它在膨胀，而且膨胀的速度是光速的 4 倍。科学家们惊奇不已，在遥远的宇宙深处，竟有这种奇怪的现象。后来还发现有的类星体包括两个射电的子源，两个子源以极高的速度分离。类星体3C345的分离速度是光速的7倍。经过7年的观测，才最后确定这一事实。另一种类星体的两个子源的分离速度竟是光速的10倍。面对这个事实，物理学家和天文学家议论纷纷，提出了不同的解释。有人坚信爱因斯坦的相对论绝对正确，世界上不存在超光速现象，对类星体观测到的超光速现象，不过是一种假象，称作视超光速膨胀。意思是说，看起来超光速，实际上不超光速。而另一些科学家则认为，只要类星体处在很遥远的宇宙深处，那么类星体的分离速度的确是超光速的。

不论哪种解释，都有不完善之处。因此，超光速现象还是一种猜测，超光粒子还在寻找之中。

化学知识之谜

HUA XUE ZHI SHI ZHI MI

永无穷尽的元素周期表

我们肉眼看得见的物质（如楼房）或看不见的物质（如空气），都是由什么组成的？这一问题曾困扰人们好多年。由于人类的进步，到19世纪初期，经过科学家们的研究，终于揭开了物质世界的面纱：世界上的一切物质都是由元素组成的。从坚硬的石头到软绵绵的棉花；从流动的水到飘浮的云；从人的肌肉骨骼到极小的细菌；从高大的树木到浮游生物……一切都不例外。

那么元素大家庭的成员到底有多少个呢？19世纪时，科学家们认为只有92个。直到1940年，美国加利福尼亚大学的麦克米伦教授和物理化学家艾贝尔森在铀裂变后的产物中，才发现了93号新元素！他们俩把这新元素命名为“镎”，镎的希腊文原意是“海王星”，这名字是跟铀紧密相连的，因为铀的希腊文原意是“天王星”。镎的发现，充分说明了铀并不是周期表上的终点，说明化学元素远没有达到周期表上的终点，在镎之后还有许多化学元素。镎的发现，鼓舞着化学家在认识元素的道路上继续前进！

不多久，美国化学家西博格、沃尔和肯尼迪又在铀矿石中发现了94号元素。他们把这一新元素命名为“钚”，希腊文的原意是“冥王星”。这是因为镎的希腊文原意是“海王星”，而冥王星是在海王星的外面，当时人们认为它是太阳系中离太阳最远的一个行星。钚的发现在当时根本没有引起人们的注意，人们只是把它看做一种新元素而已，谁也没有去研究它到底有什么用处。但当人们发现了钚可以制作原子弹之后，钚就一下子青云直上，成了原子舞台上非常难得的“明星”！而且，钚的发现及广泛应用，使人们对元素的认识，进入了一个新的阶段：原来，世界上还有许多很重要的未被发现的新元素。

于是，人们继续努力，要寻找94号以后的“超钚元素”。在1949年底，钚的发现者——美国化学家西博格和加利福尼亚大学教授乔索合作，用质子轰击钚原子核，最先发现了95号元素和96号元素。他们将95号元素和96号元素分别命名为“镅”和“锔”，用以纪念发现地点美洲和居里夫妇（“锔”的原意即“居里”）。

西博格和乔索继续努力，在1949年又制得了97号元素——锫；在1950年制得了98号元素——锎。锫的原意足“柏克立”。因为它是在柏克立城的回旋加速器帮助下制成的；锎的原意是“加利福尼亚”，因为它是在加利福尼亚州的回旋加速器帮助下制成的。

接着，人们又开始寻找99号元素和100号元素。当人们准备用回旋加速器制造出这两种新元素之前，却在另一个场合无意中发现了它们。那是在1952年11月，美国在太平洋上空爆炸了第一颗氢弹。当时，美国科学家在观测这次爆炸产生的原子“碎片”时，发现竟夹杂着两种新元素——99号和100号元素。1955年美国加利福尼亚大学在实验室中制得了这两种新元素。为了纪念在制成这两种新元素前几个月逝世的著名物理学家爱因斯坦和意大利科学家费米，分别把99号元素命名为“锿”（原意即“爱因斯坦”），把100号元素命名为“镄”（原意即“费米”）。

1955年，就在制得锿以后，美国加利福尼亚大学的科学家们用氦核去轰击锿，使锿原子核中增加两个质子，变成了101号元素。他们把101号元素命名为“钔”，以纪念化学元素周期律的创始人、俄罗斯化学家门捷列夫。

紧接着，在1958年，加利福尼亚大学与瑞典的诺贝尔研究所合作，用碳离子去轰击锔，使锔这个本来只有一个质子的原子核，一下子增加了6个质子，制得了极少量的102号元素。他们用“诺贝尔研究所”的名字来命名它，叫做“锘”。

到了1961年，美国加利福尼亚大学的科学家们着手制造103号元素。他们用原子核中含有5个质子的硼，去轰击原子核中含有98个质子的锎，进行原子“加法”：5＋98＝103，从而制得了103号元素。这个新元素被命名为“铹”，以纪念当时刚去世的美国物理学家、回旋加速器的发明者劳伦斯。

在1964年、1967年，前苏联弗列罗夫领导的研究小组和美国的乔索及西博格等人，分别用不同的方法制得了104、105和106号元素。但是由于双方都说是自己最早发现了新元素，所以，关于104号、105和106号元素的命名，至今仍争论不休，没有得到统一。

1976年，前苏联弗列罗夫等人着手试制107号元素。他们用24号元素——铬的原子核，去轰击83号元素的原子核。24＋83＝107，就这样，107号元素被制成了。

到目前为止，得到世界各国科学家公认的化学元素，总共有107种。然而，世界上到底存在有多少种化学元素？人们会不会无休止地把化学元素逐个制造出来呢？这个问题引起了人们激烈的争论。

有人认为，从100号元素镄以后，人们虽然合成了许多新元素，但是这些新元素的寿命却越来越短。像107号元素，只能存在1毫秒。照此推理下去，108号、109号、110号……这些元素的寿命可能更短，因此要人工合成新元素的希望将越来越渺茫。他们预言，即使今后人们还有可能再制成几种新元素，但却已为数不多了。但是，很多科学家认真研究了元素周期表，并推算出在108号元素以后，可能又会出现几种“长命”的新元素！到底孰是孰非呢？迄今为止，尚无定论。

水的第四态

在任何一本教科书里都这样写道：水是一种化合物，它的分子式是H_2O。可是，人们果真知道水是什么东西吗？其分子式对不对？有一点很清楚，水的分子式被人们简单化了。人类受到汪洋大海的包围，而海洋是如何形成的，海洋水到底是什么物质，我们都还茫然无知。

古希腊的哲学家们看到流水源源不断，就得出结论说：水同土、空气和火一样，也是一种元素。地球万物都是由这4种元素构成的。哲学家们的说法可称为超群的见解，直到17世纪以前，人们始终觉得他们的说法无懈可击。

在1770年以前，人们把气体混合物的爆炸视为壮观的景象。点燃氢和氧，燃烧后自然生成了水。可是当时没有谁留意到进行这种反应时生成的那一点水分。人们只顾争论水能不能变成“土”的问题了，为了观察水能不能变成土，天才的法国化学家安图安·罗兰·拉瓦锡用3个月的时间，连续做着水的蒸馏试验。

当时，以毫无根据的假设为依据的“燃素说”，由于受到名人的推崇而名赫一时，它阻碍了人类认识的发展。“燃素说”论者认为，燃烧着的物质能够释放出“燃素”。尽管这位拉瓦锡已经发现了金刚石是由碳组成的，还分析了矿泉水的成分，但他却信奉着“燃素说”。

詹姆斯·瓦特这位工程师和蒸汽机的发明家，最先认清了水的本质。他虽然不是化学家，也没有进行过相应的试验，但他却不固守偏见。詹姆斯·瓦特于1736年生于苏格兰，他在各个方面都表现出了出众的才华并取得了杰出的成就：制成了数学运算器、天文仪器、蒸汽机的模型。他热衷研究着技术上的新方向——后来得名的工艺学。瓦特成功地发明了完备的蒸汽机，但是关于水他也许只懂得由水可以制取蒸汽。恰恰由于不受偏见的束缚，瓦特才最先意识到自己的同时代人所进行的试验的意义所在。1783年4月26日，他在给J·波里斯特利的信中写道：“难道不应当认为水是由燃素（氢）和非燃素气体（氧）组成的吗？……”

拉瓦锡重新做了主要的实验并领悟了这一发现的重大意义，当即将实验结果上报给了法兰西科学院。在报告中他对英国学者的研究成果只字不提。结果，拉瓦锡在欧洲大陆上获得了头功，赢得了盛名。围绕发明优先权属于谁的“水之争”从此开始，持续了几十年。瓦特早在1819年去世，到1835年他的发明优先权才得到了最后的确认。

当时，革命的风暴正在震撼着欧洲。1794年5月8日，拉瓦锡这个皇家税务总监被送上了断头台。战争爆发，帝国瓦解，学校和教学计划都重新改组，但除了瓦特的发明外，并没有产生任何新的东西。

其实，水完全不是发明家瓦特所说的那种简单的化合物。事过200多年，人们才逐渐看到，在正常温度下并不存在水的单个分子，虽然可以无可置疑地说水属于流体，但它却具有固定的结构，一定量的 H_2O 合成了井然有序的浓缩物。水是彼此呈晶型聚合的 H_2O 集团组成的液体。

要具有一种液体能够溶化“水的晶体”，如同溶化盐和糖那样，人们就可以更细致地研究水，那该多好！然而谁也没有找到这种液体。时至今日科学家们还在猜测着：水的晶体里是由8个还是12个、或者300个单个的 H_2O 组成？也许是由大的或是小的集团组成？难道水的组成取决于水的温度吗？哪些测定方法令人置信？科学家们相信“精诚所至，金石为开”，水分子的奥秘终有一天会被揭开。为此，他们付出了更多的努力。

1970年，物理化学家鲍里斯·捷利亚金提出了不同以往的“聚合水”的新理论。

捷利亚金用石英毛细管冷却水蒸气，实验显得平淡无奇。实验中他似乎觉得自己制得了从未见过的一种新的水。这种水的比重比普通水重40%，在零下40℃温度下凝结成玻璃状的冰。科学家们以为聚合水是实验纯度不佳、做法错误出现纰漏的产物。后来，当各国报界对“聚合水”纷纷进行报道的时候，捷利亚金的发现才引起科学界的重视。

理论家们开始感到，电子计算机的运算和某些原理可以证实聚合水的存在。人们又去做实验，竟真有人发现捷利亚金的结论是正确的！水确实存在着一种新的形态。于是，西欧的学术刊物用大量篇幅报道了聚合水。对于聚合水的存在，有人狂热地支持，也有人激烈地反对。

人们凭常识就可以解释聚合水的产生：像塑料中无数单个的分子能够形成聚合物，乙烯的分子能够合成聚乙烯那样，水的分子聚合形成聚合水——道理何其浅显！或者并非如此？

初看起来，科学家们可以通过实验轻而易举地解决这场“简单的”争论，其实并不那么简单。如果准确地按照捷利亚金的方法进行实验，所得结果就与捷利亚金的相同；一旦实验稍有改变，其结果就完全各异，甚至截然相反。人们因此不得不采取了折中的解释：如果水放置在毛细管里，那么就能产生一层特殊的水，具厚度为千分之几毫米，它便是水的特性成因。

1973年夏，来自各国的科学家聚会马尔堡这座规模不大的大学城讨论水的问题。大会学术论文业已安排就绪，会刊又发表了其他学者对新型水的研究成果。不料突然从莫斯科传来消息说，捷利亚金已经放弃自己原来的观点，他以为自己的发现与水的结构可能毫不相干。

时至今日，聚合水的争论也没有就此而止。测定的结果依然无法解释。我们期待着这个难解之谜早日被揭开。

物质的另外4种形态

物质存在有几种形态呢？人们看到这个问题，也许会十分肯定地回答，物质存在有三态，即气态、液态、固态。

但其实这个认识并不完全正确。在气态中，组成气体的原子或分子的能量非常高，各个分离的分子间的引力较低，以致各个分子可以独立地进行不规则的运动。如果分子或原子的能量降低到某点，那么分子就不能再保持其独立性而相互之间开始发生关联，但此时尚有足够的能量可供给分子进行运动，使分子在其他分子之间流动，这就是液体。假使分子的能量进一步降低到某一点时，分子之间的联系更加紧密，各个分离的分子不能互相流动，而被固定到了某个位置上，这时我们就称之为固态。

然而，随着科学的不断发展，人们渐渐地发现，物质好像并不是严格地按照这 3 种状态存在着，在它们之外，还有着其他存在的形式。

到了现代，有科学家提出，物质还存在着另外 4 种形式，即等离子态、超高压态、辐射场态、超离子态。

等离子态：当温度升高到数百万度或更高时，物质组成的基本单元——原子的核外电子，就会全部变成游离状态，此时气体就成为自由电子和裸露的原子核的混合物了。根据科学家的研究认为，在一定的超高温的条件下，任何物质都有可能成为等离子态。例如水银灯中、雷雨天中的闪电里都有这种等离子态存在。目前，等离子态已被广泛地应用于高能物理研究、激光、核聚变等。

超高压态：如果对于某种物质施加几百万个大气压时，其物质中原子核的核外电子就会被压变形，使带负电的电子和带正电的原子核压在一起，这样物质就会变得结构十分密集。其密度大得惊人，每立方厘米的超固态物质，可达几万吨。天文学家是最早的超高压态的发现者，他们通过对宇宙中的矮星、中子星等观察，推测这些星球的密度就处于这种超高压态。目前，这种超高压态的物质在我们地球上也成功地被制造，由于其密度极大而十分坚硬，通常用于钻探、切割等方面。

对于超离子态、辐射场态目前了解得还很少，至于它们将会为人类带来什么样的影响，我们暂时无法预知。在我们对物质形态有所了解之后，又发现了这几种物质存在形式，那么物质是否还有其他的存在形式呢？只能由未来人告诉我们答案了。

海水提铀是梦想吗

铀作为一种放射性化学元素在国防、工业、科研中有着极其重要的地位。由于其核裂解时能释放巨大的能量，从而成为核武器的主要原料。随着人们对于铀的认识由过去的单一性向多元化转变，从而更加重视起了对铀的开发和利用。目前全世界拥有核武器的国家很少，而核工业国家却不断地发展，核能也由单纯的军事型转变为民用型，核电站就是这种转化的典型代表。目前世界上各国的核电站原料能源大都采用铀。因而人们从以往的淘金热，变成了淘铀热。据科学家分析，全球陆地上的铀矿总和约可产铀 250 万吨，也就是说，如果全世界都采用铀为原料制造核武器、核电站以及航天、航海中应用核燃料的话，那么用不了多长时间，大陆上的铀矿就会被开采一空，而为之所建立的一切设施将变成一堆废钢铁。

专家们又提出，铀在海水中的总量超过陆地总量的1500多倍，这无疑为有核武器、核工业的国家注入了一针强心剂，于是人们便开始了海中寻铀的艰难工作。

在人们头脑一阵发热之后，才慢慢地发现，这是一场多么艰难的工作，铀在海水中的浓度仅为3/10亿，也就是说，1000吨海水中仅含有3克铀，铀存在于海水中的三碳酸盐复合物中。人们在处理了大量海水之后才发现，从海水中提取的铀所能释放的能量仅仅相当于或略高于将其从海水提取过程中所消耗的能量，这未免有些得不偿失了。于是科学家们又开始探讨新的方法，以减少耗能而获取更多的铀。

美国科学家们用有机树脂分离海水中的铀与几种其他金属，在实验室研究中获得了成功，但是由于有机树脂的吸附率较低而大量生产成本较高，很难在实际工业中应用。后来，又经过长期的探索，终于发现了一种较为理想的新的铀吸附剂——水合二氧化钛，并且就此而研制出了一套以二氧化钛为基础的海水采铀的技术。

在这众多的研究大军中，我国科学家们为此做出了重大贡献。他们研究发现，氧化铝、氢、氢氧化铁和氧化锌的吸铀能力最强，并且已在实验中得到证实，如果在实际工业中能够得以应用的话，那么提取铀的成本将大大下降，这无疑为海水提铀工业做出了巨大的贡献。

另外，国外一些研究机构，也发现了较为经济简便的抽铀方法，他们研制开发了一种负离子交换剂，其吸附铀的效果也十分显著，在实验室中的表现上乘，但是在利用潮流的海水实验中，却令人失望。如想突破这个大关，尚需要另外研制一个与之完全不同的抽铀工艺流程。

总之，海水提铀的设想是伟大的，而完成这个设想是极为困难的。目前世界上有数以千计的科学家和研究小组，仍在不懈地努力着。相信会有一天，海水提铀不再是一个神话，但现在我们只能将其列为一个尚未解开的谜。

水是星际尘埃凝聚而成的吗

在人们观看世界地图时，发现地球上陆地少、海洋多。说得确切些，陆地面积占29.2%，而海洋占70.8%。所以，宇航员在太空观看地球——一个蔚蓝的世界。既然海洋面积大，水也就多了。科学家进行过计算，海洋里的水有13.7亿立方千米。如果把地球上的所有高山和低谷都拉平，再把地球上的水全都包围地球，那么地球表面的水就深达2400多米。地球，真正变成一颗“水星”了。而太阳系的水星，至今没有海洋，上面也没有水。

地球上这么多水是从哪里来的呢？为了揭开这个谜，科学家们进行了苦苦的探索。提出了这样的观点：地球上的水，是地球在漫长的历史进程中，由组成地球的物质逐渐脱水、脱气而形成的。现在，科学家认为地球是由星际尘埃凝聚而成的，在最初阶段，地球是一个寒冷的凝结团，是万有引力和颗粒间的相互碰撞，使这些星际尘埃物质紧紧地压缩在一起，形成原始地球。后来地球内部的放射性元素不断蜕变，凝固团的温度不断增高，最终形成我们可以居住的地球。

对组成地球的地幔的球粒陨石进行分析，发现含有0.5%～5%的水，最多的可达10%。如果当初组成原始地球的陨石，只要有1/800是这些球粒陨石的话，那么就足以形成今天的地球水圈。问题是，当初是这样的情形吗？至今没有定论。

另一种解释，是火山喷发喷出大量的水。对今天活火山的观察和研究，的确伴随滚滚浓烟，炽热熔浆的喷发，是有大量水蒸汽释放到地球的大气中。在喷出的气体中，水汽占75%，数量的确很大。如美国阿拉斯加有一座叫“万烟谷”的火山，在每年喷出的气体中，水汽就有6600万吨。自地球诞生至今，也不知多少火山喷发过，其次数也无法统计，喷出来的水汽就更多了。有的科学家认为，至少是地球上现有水的1/2。地球上的水一部分来自火山喷发这是肯定的。火山为什么能喷发水汽？因为地下深处的岩石、岩浆里含有相当丰富的水。火山一喷发，因为熔岩温度高，把岩浆里的水很自然蒸发，逸出地球表面。这些水汽到了高空遇到冷气，凝结成水，最终落到地上，形成涓涓水流，进入海洋。据科学家研究，早期地球很热，大约在6亿年前，地球表面的温度才降到30℃，此时大气中的水汽有99%降落到地面。地球上才开始有海洋、江河湖泊。水是生命之源。只有有了水，地球上才开始有生物，慢慢有了人。

但是，也有科学家认为地球上的水来自冰陨石。什么是冰陨石？就是来自宇宙空间的以冰的形式落到地球上的陨石，因为它的组成主要成分是冰。关于冰陨石不仅美国、西班牙等均有发现，而且在我国也有报道。如1983年在我国江苏无锡市就有一块直径50～60厘米的冰陨石降落到地。落到地面的冰陨石比较少，大多在大气层融化掉，它们成了大气水蒸汽的重要来源之一。科学家说，地球一年之中可从冰陨石获得10亿吨水。美国科学家弗兰克认为，地球上水的3/

4都是来自冰陨石，是不是这样呢？我们尚不能下结论。

关于地球上水的来源的3种解释，都有一定的事实为根据，但这3种解释同样存在片面性。看来要分出高低，或者一用新的理论代替它们，必须有更充分的事实为凭。

可燃冰是如何形成的？

多年前，前苏联有一位天然气专家为了研究往天然气井里注水对产气量的影响，让工人把20吨水注入一口气井里。不料，天然气出不来了，气井变得死气沉沉。难道水会压住天然气？这是不大可能的事。这位天然气专家决定向气井里注入2吨甲醇。没有几个小时，气井又喷气了。他继续研究这一奇怪现象，发现原来气体在低温和高压条件下很容易形成水化物。在气井深处，温度低，压力大，水注入之后，就跟井里的天然气很快结合起来，形成一种特殊的水化物——可燃冰。气与水形成冰，气又如何喷出气井呢？而注入甲醇之后，甲醇与水有很大的亲和力，这样就破坏了可燃冰的结构，让气又解放了出来，重新喷出地面。

人们很自然会想到在大海深处，很可能存在丰富的可燃冰。经过海洋学家和化学家的努力，这个猜想终于得到证实，在北极的海底发现了大量的可燃冰。可燃冰的结构很奇特，在1个可燃冰气体分子周围，包围着6个水分子，只要把水去掉，就是一种理想的燃料。它的热值很高，在每立方米可燃冰内压缩着200立方米的可燃气体。它们的储量在海洋里也大得惊人，现在已探明的储量，比煤、石油和天然气的总储量还要大几百倍。至少可供人类用上几千年。

在海底洋底为什么会形成这么丰富的可燃冰，至今没有研究透。据推测可能因为海底压力大，海洋里的生物死后尸体沉入海底，经过细菌分解，生成甲烷、乙烷等可燃性气体，然后与水结合形成可燃冰。从古至今，一年又一年，就形成了这样的可燃冰矿藏了。但是，这种解释虽然有道理，却显得苍白无力。按说气体比水轻，它应该冒出海面，释放到大气中来。为什么反而钻入海底，与水结合呢？还有一个问题，海洋的生物死亡之后，尸体一般都是浮在海面，很少沉入海底的，不沉入海底，又如何谈得上分解成甲烷和乙烷可燃性气体呢？如果上述理论成立，那么陆地上的天然气早就应该与地下水形成可燃冰了，为什么没有这样呢？所以，此论不足取。

可燃冰之谜在困扰着人类。

放射性元素放射之谜

在自然界或科学实验中，有一些原子是极不安分的，它们能够自发地产生变化，有高能粒子或γ射线光子从它们的原子核中逃掉。由于原子核中的粒子数的减少，因而这种原子就变成了另外一种原子，而属于同一种元素的原子可以称为这种元素的同位素，这种能够从原子核释放出高能粒子和射线的原子，我们一般称之为有放射性的原子。由这种原子构成，或由放射性同位素所组成的元素，就是放射性元素。

放射性元素一般分为两类：天然放射性元素如铀、钍、镧等；另外是人工合成的人工放射性元素，如钷、锔、锝等。化学元素周期表显示的情况表明，在已发现的107种化学元素中，排在靠后的基本上都是放射性元素，并且以人工合成的放射性元素居多。另外一些本身并无放射性的元素，其同位素却具有放射性，这类放射性同位素也占有相当大的比重。

放射性元素都具有一个相同的特点，那就是，其原子不断进行变化并释放高能粒子和γ射线，这种变化根据自身元素的不同，时间则长短不一，长者可达数亿年，短则仅仅为几千分之一秒。因而，我们对于这种放射性元素的寿命很难估测，在化学上通常采用一种称为“半衰期”的计算方法，就是一种元素其衰变为原一半所需的时间。这种半衰期的测定既复杂、又简单。说其复杂，包括对元素内部原子活动情况的测定，这种原子发生变化可能是瞬间完成的，也可能需要很长时间，所以其原子变化是较难观测的；说其简单，就是当原子发生变化后，则很容易计算出其整体变化。

放射性元素的半衰期实际上就是对于该元素的稳定性的一种制定。如钍323这种同位素的半衰期为140亿年，所以无论从宏观还是从微观来讲，几乎与非放射元素一样具有较高的稳定性。而氦5这种同位素，其半衰期仅仅有一千亿亿亿分之一秒，因此人们是很难看到它的存在的。

放射性元素最早是法国物理学家亨利·贝尔勒尔于1896年发现的，从那时起，人们就开始探索放射性元素为什么会有放射性。目前研究结果使人们对此有了大概的了解和认识，一般元素其原子核中有84个或多于84个质子的元素都是放射性元素。在原子核中，质子是带有正电荷的，根据库仑定律，“同种电荷相互排斥”理论，这种质子之间的相排斥力使得原子核结构很不稳定，因而，只有放出带正电荷的质子才能保持稳定状态。当质子被释放后，其原子核中质子数目减少，因而就变成了另外一种元素。一种元素是否稳定，主要取决于原子核内的中子与质子数值的比，即 n∶p。这个比值太大或太小都是原子核不稳定的因素所在，通常认为在 1.2∶1～1.5∶1 的范围内，是元素稳定的条件。

对于放射性元素为什么会通过释放质子或捕获电子来达到这种原子核的稳定状态，以及为什么 n∶p 在 1.2∶1～1.5∶1，元素才具有稳定性这一现象，目前还无法准确地回答，谜底还在进一步的探索之中。

金属氢

氢在自然界 100 多种化学元素中可以称得上“老大哥”了，因为其原子序数为 1，所以即使对化学知识了解很少的人也会首先想到它。氢也正是由于其得天独厚的地位，因而引起了科学界的广泛瞩目。

氢作为化合物的形成存在于我们的周围，已被人们广泛认识。如我们饮用的水（H_2O），就是同氢和氧化合而成的物质，我们胃内的胃酸即盐酸（HCl）也是一种氢的化合物。其实在我们机体的细胞组织中含有的氢离子（H^+）则更多了，它们在我们生命的活动中，起到重要作用。氢以非化合物形式存在，我们也对此有些了解，如液态的氢是目前航天领域中独领风骚的动力燃料，其燃料所产生的热能远远超过了我们现已知的可用性燃料，并且其体积小、重量轻，已成为航天器中最为理想的动力来源。

在氢为我们创造了大量的不朽杰作的同时，人们不禁又突发奇想，氢在常态下是以气体的形式出现，能不能将其制成金属呢？这种想法不是没有科学道理的。因为与氢同属一族的其他元素都是金属，唯独氢是气体，这看起来似乎不应该，那么有没有什么办法将氢制成金属呢？

英国物理学家贝纳尔早在多年前就曾做出一种预测，只要有足够的压力，任何非金属物质均能够变成金属。因为在极大的压力下，可以使原子之间的化学键受到破坏，使原子间距缩小，从而原子间的相互作用大大加强，将原来只能在一定分子轨道上运动的电子变成自由电子。这样，该自由电子就变成各个原子所共有，从而形成具有自由电子的金属了。按照贝纳尔的设想，科学家们便着手于这项巨大的工程研究，结果是令人惊奇的，科学家们在超高压的作用下，已成功地将非金属物质如磷、碘、硒、硫等变成了金属，使之成为了既有金属光泽，又有良好导电性的金属物质。进入 20 世纪 80 年代，科学家们又成功地将氖气在 32 万大气压和 32 开的条件下变成了金属氖，随后又在

100万大气压下成功地制成了具有金属光泽的氧。于是人们又开始向更高的尖端进发了，他们要制出金属的氢。

据科学家分析，金属氢将具有极为特殊的性质，如常温超导性、高导热性以及高储能密度。当然，这些仅仅是科学家们的推测，至于金属一旦制成，是否真的像人们所想象的那样，目前还一无所知。人们一次次地尝试均失败了，然而这更激发了科学家们的斗志和探求精神，终于人们在超高压压力机下得到了一线希望。当超高压压力机达到100万个大气压时，人们在两个压砧之间通入纯度极高的氢气，并且将温度降至4.4开时，奇迹发生了，人们终于在两个压砧之间得到了一种具有金属光泽（其电阻率不足原来1/100的金属氢），更值得欣慰的是，当人们将超高压力减少时，其仍能稳定地处于金属状态。这无疑为那些苦苦探寻金属氢的科学家们注入了一针强心剂，于是他们又开始向更新的阶梯攀登。但是，目前摆在我们面前的困难还很多，如超高压机的研制、开发，金属氢常温下能否稳定存在，以及将来能否大批量地生产与制造，这一切我们无法告诉人们。至于这个美好的构想能否实现，还有待于时间来回答。

反复不定的“化学振荡”

一支试管内溶液的颜色一会儿变红，一会儿又变蓝，呈现出有规律的节奏和漂亮的颜色，煞是迷人。这种现象叫“化学振荡”。提起振荡，人们并不陌生，如钟摆的往复摆动，弹簧的自由伸缩，心脏的收缩和舒张，电路中的电流或电压在最大值和最小值之间重复变化的过程等都是振荡。说起化学振荡，其实，也是一种随时间周期性重要变化的过程，只是这一过程发生在化学反应中。

最初发现化学振荡现象是在1873年。德国化学家李伯曼曾经做过一个有趣的“汞心脏”实验。当时，李伯曼把水银放在玻璃杯的中央，再把重铬酸钾和硫酸的混合溶液慢慢地注入杯中，然后将一个铁钉放在紧靠水银附近的溶液中。他惊奇地发现，水银珠就像心脏似的跳动了起来。他认为，这是由于化学反应使得水银的体积发生了周期性变化造成的。此后，化学家们还发现了许多别的化学振荡现象。

化学振荡究竟是怎么一回事呢？这种现象一出现，就有人对它进行了研究。

1910年，洛特卡提出了一个以质量作用定律为基础的振荡反应数学模型；到了1931年，沃尔特拉在洛特卡模型的基础上，又提出了一个更完善的模型，这个模型就以他俩的名字来命名，称为洛特卡—沃尔特拉模型。虽然这一模型为化学界所普遍接受，但它并不是尽善尽美的。

尽管化学家对化学振荡现象还不甚了解，生物学家对化学振荡却如获至宝，企图用它解开“生物钟”的奥秘。不论在植物体、动物体还是人体内，都存在着一些周期性的现象。例如植物的花开花落、春华秋实；动物的冬眠夏徙、昼出夜归；人类的一日三餐、早起晚寝。这些现象的周期虽然不很精确，却是客观存在的。即使在消除了外部节律的人造环境中，这些“生物钟”现象依然我行我素。于是，生物学家便关注起了生物体的内部节律：生物体内是不是存在着某种周期性的化学反应？是不是由于化学振荡现象在其中“捣鬼”？果真如此，事情也未必会水落石出。因为任何化学反应都将受到外部环境因素的影响。如温度、光照等等，而“生物钟”却不是这样。化学振荡和“生物钟”究竟有何瓜葛？要解答这个问题，首先必须搞清楚化学振荡的本质，对此，化学家们正在做积极地探索。比利时著名科学家普利高津教授曾断言：化学振荡现象只能在化学耗散过程才可能出现。这为解开化学振荡之谜开辟了一条新的途径。现在许多科学家正在努力探索，企图解开“化学震荡”之谜。

超强酸缘何有惊人腐蚀性

酸是化学物质当中的一个大家族，它的成员包括盐酸、硝酸、硫酸等，都是参与化学反应的重要物质。人们对酸的认识是逐步深入的。起初人们只知道醋酸，到17世纪，荷兰化学家才发现了盐酸、硝酸和硫酸，但是这远远不是“酸”类物质的尽头。

人们知道，盐酸、硝酸、硫酸可以溶解其他金属，但是对于黄金却无能为力。黄金不怕酸的时代并没有延续多久，化学家们就发现，如果将浓硝酸和浓盐酸按照1∶3的体积比混合，所得到的混合酸液的酸性强度比上述几种酸要强得多，黄金遇到这种混合酸液就像“泥牛入海”一样，很快就变得无影无踪。无怪乎人们称这种混合酸液为“酸中之王”——王水。

在很长的一段时间里，人们认为最强的酸就是王水了，不会再有新的“酸王”出现了。就在人们对强酸没有什么新追求的情况下，在一个圣诞节的前夕，美国加利福尼亚大学的实验室里却传出了一则惊人的消息：奥莱教授和他的学生偶然地发现了一种奇特的溶液，它能够溶解性质非常稳定的蜡烛。这种奇特的溶液是1∶1的 $SbF_5 \cdot HSO_3F$ 溶液。

我们知道，蜡烛是高级烷烃，通常不与强酸、强碱甚至强氧化剂作用，但1∶1的$SbF_5 \cdot HSO_3F$溶液却能让它“粉身碎骨”。奥莱教授对此现象非常惊愕。他把这种溶液称做“魔酸”，后来又称做超强酸。

$SbF_5 \cdot HSO_3F$超强酸的发现，重新点燃了人们对强酸研究的兴趣之火。迄今为止，化学家们又找到了多种新的超强酸。不仅有液体超强酸，还有固体超强酸。

从成分上看，超强酸都是由2种或2种以上的化合物组成的，且都含有氟元素。它们的酸性强得令人难以思议，真不愧是酸中的“巨魔”。例如，当其“摩尔比”为1∶1时，其酸性强度约为浓硫酸的10亿倍。它们是强酸家族的新秀，也是名副其实的超级明星，王水在它们面前只是“小巫见大巫”了。

对于超强酸为什么能使正丁烷发生上述化学反应，其详细反应机理至今也不清楚。

现在已知的几种超强酸，除了可以做催化性能极高的酸性催化剂以及做有机化合物和无机化合物的质子化试剂外，在其他领域里还有哪些应用，这方面的谜也藏得很深很深，等待着人们去发现。

玄妙的生物之谜

XUAN MIAO DE SHENG WU ZHI MI

生命形成之谜

生命是地球最精华的所在，到目前为止，地球上已经存在上百万种生物。但是生命是如何形成的，最早的生命来源于哪里，却是一个至今困扰人们的谜题，人们对它进行过很多的假设和猜想，科学家们也曾经用各种人类已掌握的知识和手段探寻过它，可是至今没有一个确切的答案。地球的年龄已经有大约 46 亿年了，在大部分时间里，地球都是各种形态生命的栖居所。多数科学家认为，生命是在地球环境趋于稳定之后才出现的。可是关于生命最初的起源，仍然众说纷纭、争论不一。

关于地球出现生命的最早证据是发现于澳大利亚的一团蓝藻的化石，这种被固化为叠层石的古老遗迹可能是存在于距今 34 亿年前的原始生命。尽管这些微生物已经非常古老，但像今天的蓝藻一样，这些古代蓝藻在生物结构上已经相当复杂——它们已经形成了具有保护作用的细胞膜，使得内部制造蛋白质的 DNA 不受外界环境的破坏。因此科学家们估计地球上的生命应该形成于更早的时期，他们估计的数字是距今大约 38 亿年以前。但是即使科学家们能够准确地界定生命在地球上出现的最早时间，却仍然不能回答地球上的生命是怎样出现的。美国新墨西哥州大学的洞穴生物学家戴安娜·诺萨普说：“到目前为止关于生物起源的理论都是推测出来的，因为缺乏能够证明或是推翻这些理论的证据。世界上仍然没有一种被广泛认可的生物起源理论。”回答这个问题的意义不仅仅在于能够弥补人类科学与自然世界之间最大的空白，对于人类是否有可能在地球以外找到生命也具有重大意义。

今天，关于地球生命起源的理论处于百家争鸣的状态，其中的几种理论甚至怀疑生命是否是在地球上诞生的，它们认为生命的种子可能是从遥远的太空而来，或者是夹杂在坠落到地球的陨石或者彗星的内核里，而后在地球上繁衍开花。有的理论甚至认为地球上的生命先后出现和毁灭过多次，经历了反复地起伏轮回。

美国桑塔克鲁兹的加州大学的生化学家大卫·迪莫说："地球上的生命可能有多种起源，我们通常认为生物起源是多样的，那样生命就不会因为一次大的外界影响（例如小行星撞击）而毁灭殆尽。"

其中有几种理论颇为引人注意：

"RNA 世界"假设理论

到目前为止大多数科学家都支持在原始生命形成的初期，RNA 在生命当中扮演了极其重要的角色。根据这种"RNA 世界"的假设理论，RNA 曾经是原始生命中的关键性大分子，直到它的地位后来被 DNA 和蛋白质所取代，DNA 和蛋白质可以比 RNA 更高效地工作。

迪莫博士说："很多有天赋的科学家们都相信，'RNA 世界'的假设理论不仅是有可能成立的，而且具有非常高的存在合理性。"RNA 的性质与 DNA 非常相似，现在在我们身体里的每一个细胞都需要 RNA 完成一些重要的细胞功能，包括在 DNA 和蛋白质系统中完成传递功能，并且能帮助某些基因完成"开关功能"。

但是"RNA 世界"的假设理论并不能解释 RNA 自己最先是怎样产生的，像 DNA 一样，RNA 是由数以千计的小分子——核苷酸组成的，这些重复的小单元连接成链条，其组织形式特殊而有序。部分科学家认为 RNA 是地球上自发产生的，而另一些科学家则认为核苷酸是从天外来到地球的。

纽约大学的化学家罗伯特·夏皮罗说："这些大分子所展现出来的功能令人难以置信，也许是宇宙中绝无仅有的，因此如果从这个角度来看，我们能够进化到今天真是太幸运了！"

"地球生命来源于天外"理论

"地球生命来源于天外"的理论和人类具有重要关系。生物学家理查德·多金斯在他的新书《上帝的骗局》中提到了地球生命起源的另一种可能性，他的灵感来源于多年从事天文学和物理学研究的经历。

多金斯博士假设宇宙中存在 100 亿亿颗行星，其中只有一颗行星上会诞生生命的几率也不能说很大。但是如果以后的物理学家们说其实存在多个宇宙，每个宇宙又各含有 100 亿亿颗行星，那么所有宇宙中的行星产生生命的几率加起来应该是比较可观和确定的。而夏皮罗博士则认为不必引入多个宇宙的概念，或是流星把宇宙生命的种子带到原始地球的理论。

他认为组成原始生命的分子可能一开始要比 RNA 小得多也简单得多，只能完成有限的功能，但随着进化，这些小分子逐渐变成了大分子，功能也日趋复杂。夏皮罗博士认为对地球生命起源的研究应当回归简单，而不是在外星生命起源理论上纠缠不休。

想要准确地知道几十亿年以前发生的事情可不是一个简单的工作，但许多科学家都认为就像生命诞生的奇迹本身一样，“一切皆有可能”。美国新泽西州普林斯顿大学的物理学教授弗雷曼·蒂森说：“人类揭开这个未解之谜的时间无法预测，可能就是下个礼拜，也可能要花上 1000 万年。”

1953 年，美国科学家米勒仿造出 40 亿年前地球上的条件，结果在此条件下产生出氨基酸——生命的组成部分。但是如何演变成生命仍然是个谜。现在计算机科学家编制出人工生物的程序，在计算机世界中观察其“生命”，出现了一群活动的小三角(鸟群)，它们在一根柱子前分开，然后又联合起来，像真的鸟群。他们认为，这是理解生命结构的第一步，未来的目标要模拟出生命的形成。

生命演化理论

这个理论是所有关于地球生命理论中认可程度最高的一个理论，但是这一理论也缺乏很多重要的依据，只是科学家们的猜想。根据科学的推算，地球从诞生到现在，大约有 46 亿年的历史。早期的地球是一个很炽热的球体，地球上的一切元素都呈气体状态。那时地球上是绝对不会有生命存在的。地球上最初的原始生命是在原始地球条件下，由非生命物质，在极其漫长的时间里，经过 4 个阶段的化学进化过程，一步一步演变而成的。

1. 从无机小分子物质生成有机小分子物质

科学家们认为生命的最初状态是空气中的各种气体经过各种气候现象(如闪电、雷鸣和暴雨等现象)产生化学变化而产生的，即：在原始地球条件下，原始大气成分在一定能量的作用下，从无机物向简单有机物转化。

2. 从有机小分子物质形成有机高分子物质

原始海洋中的氨基酸、核苷酸、单糖、嘌呤、嘧啶等有机小分子物质经过极其漫长的积累和相互作用，在适当条件下，一些氨基酸通过缩合作用形成原始的蛋白质分子，核苷酸则通过聚合作用形成原始的核酸分子。生命活动的主要体现者——原始的蛋白质和核酸的出现意味着生命从此有了重要的物质基础。

3. 从有机高分子物质组成多分子体系

以原始蛋白质和核酸为主要成分的高分子有机物，在原始海洋中经过漫长地积累、浓缩、凝集而形成“小滴”，这种“小滴”不溶于水，被称为团聚体或微粒体。它们漂浮在原始海洋中，与海水之间自然形成了一层最原始的界膜，与周围的原始海洋环境分隔开，从而构成具有一定形状的、独立的体系。这种独立的多分子体系能够从周围海洋中吸收物质来扩充和建造自己，同时又能把小滴里面的“废物”排出去，这样就具有了原始的物质交换作用而成为原始生命的萌芽，这是生命起源化学进化过程中的一个很重要的阶段。但这时还不具备生命，因为它还没有真正的新陈代谢和繁殖等生命的基本特征。

4. 从多分子体系演变为原始生命

具有多分子体系特点的小滴漂浮在原始海洋中，经历了更加漫长的时间，不断演变，特别是由于蛋白质和核酸这两大主要成分的相互作用，其中一些多分子体系的结构和功能不断地发展，终于形成了能把同化作用和异化作用统一于一体的、具有原始的新陈代谢作用并能进行繁殖的原始生命。

以上理论分庭抗礼，构成了目前生命源头之谜理论的“百家争鸣”局面，但是很多科学家仍然认为，生命是突然产生的还是逐步进化来的至今没有定论，或者是以上理论之一，或者在以上理论之外。对于这一命题，人类在未掌握足够的科学依据之前，没有人知道它的正确答案。

生命为何偏爱螺旋结构

浩繁纷杂的生物尽管千差万别，但不论哪个种类，从最小的病毒到大型的哺乳动物，都毫无例外地能把自己的性状一代代地传承下去；而无论亲代与子代，还是在子代每个个体之间，又总会有些差别，即便是双胞胎也不例外。人们曾用“种瓜得瓜，种豆得豆”和“一母生九子，九子各别”的谚语，生动形象地概括了存在于一切生物中的这一自然现象，并为揭开遗传、变异之谜进行了不懈的努力。

17 世纪末，就有人提出了“预成论”的观点，认为生物之所以能把自己的性状特征传给后代，主要是因为在性细胞（精子或卵细胞）中，预先包含着一个微小的新的个体雏形。精原论者认为，这种“微生体”存在于精子当中；而卵原论者则认为，这种“微生体”存在于卵子之中。

然而，这种观点很快就被事实所推翻。因为无论在精子还是卵子中，人们根本见不到这种“雏形”。取而代之的理论是德国胚胎学家沃尔夫提出的“渐成论”。他认为，生物体的任何组织和器官都是在个体发育过程中逐渐形成的。但遗传变异的操纵者究竟是何物？仍然是一个谜。

直到1865年，奥地利遗传学家孟德尔在阐述他所发现的分离法则和自由组合法则时，才第一次提出了“遗传因子”（后被称作为基因）的概念，并认为，这种“遗传因子”存在于细胞当中，是决定遗传性状的物质基础。

1909年，丹麦植物学家约翰逊用“基因”一词代替了孟德尔的“遗传因子”。从此，基因便被看做是生物性状的决定者、生物遗传变异的结构和功能的基本单位。

1926年，美国遗传学家摩尔根发表了著名的《基因论》。他和其他学者用大量实验证明，基因是组成染色体的遗传单位，它在染色体上占有一定的位置和空间，呈直线排列。这样，就使孟德尔提出的关于遗传因子的假说落到了具体的遗传物质——基因上，并为后来进一步研究基因结构和功能奠定了理论基础。

尽管如此，当时人们并不知道基因究竟是一种什么物质。直至20世纪40年代，当科学家搞清了核酸，特别是脱氧核糖核酸（简称DNA），是一切生物的遗传物质时，基因一词才有了确切的内容。

1951年，科学家在实验室里得到了DNA结晶。

1952年，得到DNAX射线衍射图谱，发现病毒DNA进入细菌细胞后，可以复制出病毒颗粒……

在此期间，有两件事情是对DNA双螺旋结构发现起到了直接的促进作用：一是美国加州大学森格尔教授发现了蛋白质分子的螺旋结构，给人以重要启示；一是X射线衍射技术在生物大分子结构研究中得到有效应用，提供了决定性的实验依据。

正是在这种科学背景和研究条件下，美国科学家沃森与英国科学家克里克合作，通过大量X射线衍射材料的分析研究，提出了DNA的双螺旋结构模型，并由此建立了遗传密码和模板学说。

此后，科学家们围绕DNA的结构和作用继续开展研究，也取得了一系列的重大进展，并于1961年成功破译了遗传密码，以无可辩驳的科学依据证实了DNA双螺旋结构的正确性，从而使沃森、克里克同威尔金斯一道于1962年获得诺贝尔医学生理学奖。

尽管人类设计建筑与马路时都喜欢笔直的线条，但大自然的选择并不赞同，而更倾向于螺旋状的卷曲结构。小到决定生命形态的DNA结构，乃至关乎我们后天性状美丑的蛋白质结构，以及我们赖以生存的食物的主要组分淀粉等，无一例外都是螺旋结构。

生物的大分子DNA、蛋白质、淀粉、纤维素结构中，都存在着螺旋结构。而我们所熟知的遗传物质DNA，也是双螺旋结构，它包含着人体的遗传信息。在受精卵中，父系与母系的各一条链相结合，就诞生了综合二者信息的新的生命。不过，DNA最重要的结构是双螺旋结构，但也可能形成其他结构。当双螺旋体的一部分解开时，其中一条DNA链就可以折叠回去，形成了三螺旋或其他结构。

与DNA的双螺旋结构相比，蛋白质中的螺旋是由氨基酸经脱水组成的单链螺旋，蛋白质末端运动自由度较大，可以组成三圈螺旋，三圈螺旋还可以转变成折叠形状。从这种意义上来说，折叠是螺旋的一种特殊形式。

人体中的蛋白质就是螺旋与折叠结构复合而成的复杂结构。比如，人体中重要的蛋白质——胶原蛋白，就是由3条肽链拧成“草绳状”3股螺旋结构，其中每条肽链自身也是螺旋结构。我们知道，人体内有16%左右都是蛋白质，而胶原蛋白占体内蛋白质总量的30%～40%，主要存在于皮肤肌肉、骨骼、牙齿、内脏与眼睛等处。

除了遗传物质与蛋白质外，我们的主要食物淀粉的结构和所穿衣物（棉）中的主要成分棉纤维，也大多都是螺旋结构。

不仅生物大分子是螺旋的构型，有时整个生物体的形状或生物体的组成部分，也可能是螺旋体。我们熟悉的螺旋藻就是这样的一种生物，它的得名就是因为其形体在显微镜下观察时呈螺旋状的缘故。

螺旋藻是地球上最早出现的光合生物。研究表明，螺旋藻是所有已被发现的生物中营养成分最丰富、最全面、最均衡的海洋生物。它的细胞壁是由多糖类物质构成，极容易被人体所消化吸收，吸收率可达95%以上。此外，螺旋藻中还富含胡萝卜素、亚麻酸和亚油酸等活性物质，有清除血脂、疏通血管和保持血管弹性的作用，对防治心、脑血管疾病很有帮助。

寄居在人体胃内的幽门螺旋杆菌，也是因呈杆状、螺旋形而得名。胃液对许多细菌都具有强烈的杀伤力，但是对幽门螺旋杆菌却奈何不得。因为幽门螺旋杆菌是埋藏在胃壁表面的黏膜下方，可以分泌一种物质能中和周围环境中的强酸；而且，幽门螺旋杆菌很爱“挑衅”我们的免疫系统，常常会激怒免疫系统发动初步的无情攻击，导致发炎反应。因此，感染幽门螺旋杆菌的人常会出现没有症状的胃炎（即胃黏膜发炎）。人在进入中年之后，会很容易得这些病，这都是幽门螺旋杆菌的祸害所致。

除了上述这些生物体本身呈螺旋状外，有些生物还要借助螺旋形状来实现它们的独特功能。水黾就是这样一种生物，它会利用其腿部特殊的微纳米螺旋结构效应在水面上行动自如，即使在狂风暴雨和急速流动的水流中也不会沉没。这是因为这些取向的微米刚毛和螺旋状纳米沟槽的缝隙内，可以有效地吸附空气，在其表面形成一层稳定的气膜，阻碍水滴的浸润，从而表现出水黾腿的超疏水（即不浸水）特性。科学家在对水黾腿部的力学测量表明：仅仅一条腿在水面的最大支持力，就能达到其身体总重量的15倍。

由上面的叙说我们得知，大自然中几乎到处都存在着螺旋。而螺旋结构更是自然界最普遍的一种形状，许多在生物细胞中发现的微型结构都采用了这种构造。

那么，为什么大自然会如此偏爱这种结构呢？科学家对此给出了合理的解释。

美国宾州大学的兰德尔·卡缅教授指出，从本质上来说，在拥挤的细胞（如一个细胞里的DNA）中，非常长的分子聚成螺旋结构是一个比较合理的方式。而在细胞稠密而拥挤的环境中，长分子链经常采用规则的螺旋状构造。只所以有这样的构造，主要有2点好处：①可以让信息紧密地结合其中；②能够形成一个表面，允许其他微粒在一定的间隔处与它相结合。比如，DNA的双螺旋结构允许进行DNA转录和修复。

卡缅教授通过一个模型解释了这个问题：将一个可以随意变形、但不会断裂的管子浸入由硬的球体组成的混合物中，管子就如同一个存在于十分拥挤的细胞空间中的一个分子。观察发现，对于短小易变形的管子来说，U形结构的形成所需的能量最小，空间也最少；而它的U形结构，在几何学上与螺旋结构最为相近。

卡缅对此指出，分子中的螺旋结构是自然界能最佳地使用手中材料的一个例子。DNA由于受到细胞内的空间局限而采用双螺旋结构，就像是由于公寓空间局限而采用螺旋梯的设计一样。这就是生物大分子采取螺旋结构的合理的数学解释。然而至于为什么生物体也以螺旋结构的形状存在，原因还有待于进一步的研究。

破解光合作用的玄机

光合作用对于大多数人来说，好像没有什么太大的秘密，似乎它的过程无非就是吸收二氧化碳，放出氧气，但实际上光合作用并不那么简单，其中包含着复杂的机理。光合作用对人类的意义非比寻常。人类所需要的许多生产生活资料都是由光合作用产生的，如果没有光合作用，就不会有人类的生存与发展。所以，光合作用研究是一个重大的生物科学问题，同时又与人类现在面临的粮食、环境、材料、信息问题等密切相关。现在世界上每年通过光合作用产生2200亿吨物质，相当于世界上所有的能耗的10倍。要植物产生更多的物质，就需要提高光合作用效率。通过高新技术转化，我们甚至可以让有些藻类，在光合作用的调节与控制下直接产生氢。根据光合作用原理，还可以研制高效的太阳能转换器。

光合作用与农业的关系同样密切，农作物产量的90%～95%来自光合作用。高产水稻与小麦的光合作用效率只有1%～1.5%，而甘蔗或者玉米的效率则可达到50%或者更高。如果人类可以人为地调控光能利用效率，农作物产量就会大幅度增加。

近年来，空气里面二氧化碳不断增加，产生温室效应。光合作用能否优化空气成分，延缓地球变暖，也很值得探索。光合作用研究，还可以为仿真模拟生物电子器件，研制生物芯片等，提供理论基础或有效途径，对开辟未来纪新兴产业产生广泛而深远的影响。正是这些，使得光合作用研究在国际上成为一大热点。

早在两个多世纪以前，科学家就已经知道了光合作用，但真正开始研究光合作用还是在量子力学建立之后，人们也越来越为它复杂的机制深深叹服。

现在，科学家们已经知道，光合作用的吸能、传能和转化均是在具有一定分子排列及空间构象、镶嵌在光合膜中的捕光及反应中心色素蛋白复合体和有关的电子载体中进行的。但是让科学家们不可思议的是，在从光能吸收到原初电荷分离涉及的极短时间内却包含着一系列涉及光子、激子、电子、离子等传递和转化的复杂物理和化学过程。

更让人惊奇的是，这种传递与转化不仅神速，而且高效。在光合膜系统中，在最适宜的条件下，传能的效率可高达94%～98%，在反应中心，只要光子能传到其中，能量转化的量子效率几乎为100%。这种高效机制是当今科学技术远远不能企及的。

那么，光合系统这个高效传能和转能超快过程到底是如何进行的？其全部的分子机理及其调控原理究竟是怎样的？为什么这么高效？这迄今仍是多年来一直困扰着众多科学家的谜团。有科学家说：要彻底揭开这一谜团，在很大程度上依赖于合适的、高度纯化和稳定的捕光及反应中心复合物的获得，以及当代各种十分复杂的超快手段和物理及化学技术的应用与理论分析。事实上，当代所有的物理、化学最先进设备与技术都可以用到光合作用研究中来。

光合作用的另外一个谜团是：生化反应起源是自然界最重大的事件之一，光合作用的过程是一系列非常复杂的独立代谢反应，它究竟是如何演化而来？美国亚利桑那州立大学的生化学家罗伯特教授说："我们知道这个反应演化来自细菌，大约在25亿年前，但光合作用发展史非常不好追踪。有多种光合微生物使用相同但又不太一样的反应。虽然有一些线索能把它们联系在一起，但还是不清楚它们之间的关系。"罗伯特教授等人还试图透过分析5种细菌的基因组来解决部分的问题。他们的研究结果显示，光合作用的演化并非是一条从简至繁的直线，而是不同的演化路线的合并，把独立演化的化学反应混合在一起。也许，他们的工作会给人类这样一些提示：人类也可能通过修补改造微生物产生新生化反应，甚至设计出物质的合成反应。这样的工作对天文生物学家了解生命在外星的可能演化途径，也大有裨益。

我国著名科学家匡廷云院士曾深有感触地说："要揭示光合作用的机理，就必须先搞清楚膜蛋白的分子排列、空间构象。这方面我们最新取得的原创性成果就是提取了膜蛋白，完成了LHC—Ⅱ三维结构的测定。由于分子膜蛋白是镶嵌在脂质双分子膜里面的，疏水性很强，因此难分离，难结晶。"现在，中国科学院植物所经过多年努力已经提取了这种膜蛋白，在膜蛋白研究上，我国已经可以与世界并驾齐驱。

那么是否可能会有那么一天，人们可以模拟光合作用从工厂里直接获取食物，而不再一味依靠植物提供呢？科学家们认为，这在近期内不可能的，因为人类对光合作用的奥秘并不真正了解，还有很多问题需要进一步弄清楚，要实现人类的这一长远理想，可能还要付出更为艰辛的努力。破解掌握进而控制光合作用已经成为科学家们探索研究的动力，希望这一天早一天到来。

是什么决定了物种的多样性

陆地和海洋中存在着无数的植物、动物和微生物。它们使这个世界变得完美：将阳光转化为能量，供给其他生物，并使碳和氮在无机和有机两种形式之间转化，改变着地球的景观。环境和生物的相互作用，生物之间的关系等这些因素和其他的力量到底如何共同作用形成了物种多样性？这至今是个谜。

在一些地方和一些群落中，存在着成百上千的物种，然而在其他地方和群落中，只有很少的物种存在。例如，比起高纬度地区，热带地区是一个物种的天堂。生物学家试图阐明这其中的原因。

首先我们来看看什么是生物的多样性。生物多样性指的是地球上生物圈中所有的生物，即动物、植物、微生物，以及它们所拥有的基因和生存环境。它包含 3 个层次：遗传多样性，物种多样性，生态系统多样性。

简单地说，生物多样性表现的是千千万万的生物种类。在地球上的热带雨林中生活着全世界半数以上的物种（约 500 万种），因此，那里的生物多样性最为丰富。我国的生物多样性主要分布在广东、广西、福建、四川、云南等地。

生物多样性具有很高的价值，它不仅可以为工业提供原料，如胶、油脂、芳香油、纤维等，还可以为人类提供各种特殊的基因，如耐寒抗病基因，使培植动植物新品种成为可能。许多野生动植物还是珍贵的药材，为治疗疑难病症提供了可能。

随着环境的污染与破坏，比如森林砍伐、植被破坏、滥捕乱猎、滥采乱伐等，目前世界上的生物物种正在以每天几十种的速度消失。这是地球资源的巨大损失，因为物种一旦消失，就永不再生。消失的物种不仅会使人类失去一种自然资源，还会通过食物链引起其他物种的消失。如今，人类都在呼吁保护生物多样性并为之付诸行动。

我们至今不知道地球上到底存在多少植物和动物。研究者甚至还不能开始预测微生物的种类和数目。研究进化的科学家也缺少一个标准的时间尺度，因为进化的发生会从几天持续到几百万年。而且，同一个物种内的变化会跟两个相近物种之间的变化几乎相同。我们也不清楚什么样的基因变化会导致一个新物种的产生，基因对物种形成的真正影响到底是什么。

揭示多样性形成的原因需要全面地跨学科的合作，包括古生物学的提示，实地的考察，实验室的工作，基因组的比较和有效的数据分析。一些大的项目，比如联合国千年计划和世界范围内海洋微生物基因的鉴定，将增加基础的数据，但这些是远远不够的。

古生物学家已经在跟踪许多物种过去 1000 年内分布和聚集方面取得了一些成果。他们发现，地理分布在物种形成中起了重要作用。进一步的研究将继续揭示大范围的物种分布模式，这或许将对阐明大灭绝的原因和研究这些灾难对新物种的进化的作用带来希望。

通过对植物和动物的实地考察，研究者已经知道环境能够以加速或减慢物种形成的方式影响性状和行为——尤其是性选择。进化生物学家也发现物种形成过程会中断，例如，当分离的种群重新结合时，基因组会被匀质化（否则就会分化）。分子水平的力量，例如低的突变速率或者减数分裂的驱动——这些情况下特定的等位基因更可能从亲代传到子代——影响了物种形成的速率。

在一些情况下，一个生态系统内的多样性会发生变化，生态系统的边缘的物种多样性有时比中部更低。

对不同的生物群体，这些因素如何以不同的方式相互作用？进化生物学家的研究才刚刚开始，任务是严峻的。阐明多样性形成的原因对理解地球上正在发生的物种灭绝的本质和找到缓解的手段有非常重要的作用，科学家们仍然努力探索之中。

人体的生物钟是如何运转的

清晨早起，鸡啼鸟鸣，整个生物界似乎都在按着同一个时刻表在有规律地运转着。当一个人每天必须在某一特定时刻内醒来，开始不可能不借助于闹钟之类的提醒，然而，天长日久就会惊奇地发现，当你不再借助闹钟时，同样也能在大约这个时刻里醒来，甚至相差不了几分钟。生物钟并不像闹钟那样，任人随意摇弄，它是人们长期规律生活养成的一种习惯，想在短时间内建立起一种规律的生物钟往往是徒劳的，同样当人体的生物钟一旦建立，也是很难改变的。有人做过一些实验，其中有一个很典型的实验就是人体生物钟实验。将一个健康人，在日常生活中形成的生物钟，移入地下，经过长时间地与世隔绝的生活，当人们询问其目前的时间时，实验者竟能回答相差无几。因而，实验设计者认为，光线的阴暗、气候的冷暖等等，只是生物时间规律的外部条件，在人体内部还有一种类似时钟的机构，它可以不依赖外部条件而自行运转，指挥着人体的正常生物活动，这就是人体的生物钟。

1904 年，奥地利心理学家斯渥伯达出版了《从心理学和生物学意义上谈人类生命的周期》，他认为人体的生理、体能的变化和疾病的产生有 23 天的周期性，人的心理变化有 28 天的周期性。随之德国科学家出提出了与之相类似的见解，他从所选择的病例材料中发现，人类的发病期和死亡期往往与之出生 23 天的周期节律有关联。之后的发现更加表明人类的智力活动也同样存在着一个 33 天的周期，也就是说在 33 天内有一天学生们的智力节律达到高潮，大脑思维、记忆力处于最佳状态，随后逐渐下降，33 天后又到达一个新最佳状态。目前，这种周期被广泛地应用到体育竞技项目，在预定比赛日期之前，教练员、心理医生有计划地调整运动员的生物钟，使之在预定的比赛日期时达到最佳竞技状态。

是什么使人体产生了生命节律，

控制节律的生物钟在哪，它又是如何运转的?

有人认为，人体的生物节律是外源性的，也就是说某些复杂的宇宙信息是控制生命节律现象的动因，人类对广泛的外界信息，如地磁变化、电场变化、光的变化以及月球引力等极为敏感，这些变化的周期性从而引起人体生命节律的周期性。也有人认为，生命节律是由人体自身内在的因素所决定的，人即使在恒温与隔绝的地下，也可表现出近乎于 24 小时的节律。另外也有人认为这种生物节律是由人体内的激素所调节控制的，例如女性的月经等。近年来，一个更加接近完美的学说被提出，美国科学家发现人类的脑垂体下部有一小串神经细胞，一旦它受到损伤，生命节律就会被打乱。因而，认为生物节律的正常运转是由大脑内某些专门的神经元所控制的，但是到目前没有得到明确地证实。至于从进化学角度提出的进化学说更是使人感到古色古香，颇有历史学的味道。但是作为没有定论的问题，我们不妨也提上几句，这种学说认为，人类之所以有生物节律，乃是生存的需要，在生理上、行为上适应了环境的节律，才能得以生存。由于人类在长期的进化中，使得体内有利的基因能够得到遗传，从而后人出现天生的生物节律来，这种节律又受到周围环境的影响，同样适者生存。不能根据环境而调节生物钟者，必将遭到淘汰。

目前，科学家正在致力于解开人类生物钟是如何产生、如何运转之谜的，希望真相大白之日不会太远。

人脑的奥秘

人类利用自己的大脑来认识整个世界，改造整个世界，但是人类却无法认识自己的大脑，改造大脑。尽管人们对大脑已有所了解，但是目前还很肤浅，往往知道的东西比不知道的要少得多。

人脑如同一台电子计算机，它可以储存亿万个信息，这个信息储存量远远超过世界上任何一台计算机。这些信息不同地变换、更新，因而使我们接受、懂得了新的知识，并且一种信息的反复应用，于是便得到了长久储存，随用随调——这就是记忆。记忆力的好坏、强弱是大脑发达的一个重要标志。世界上一些著名科学家都有着博文强记的特长，但是并不是说记忆力好的人都是智商高的人，大脑发达的人也并非记忆力都好。日本有一位名叫友寄英哲的人，在 1979 年 10 月的一天，创造了人类史上的一个记忆新记录，他将圆周率（π）背诵到了小数点后 2 万位，令全世界研究记忆的专家们大为惊叹，然而，友寄英哲仅为一个公司的职员而已。人类对于一些事物有着长久的记忆，即使并不像其他记忆那样总是重复使用，但是也同样保持这种记忆70～80年，直到死亡。

我们在小说或电影、电视中也许见到过那些曾有过外伤史的病人，由于其大脑损伤后使得短时记忆力消失，这就是说他对新接触的事物很快就会遗忘，比如给他看一盘新的录像带，无论故事情节多么激动人心，场面多么感人，他也许会边看边哭，然而当看过之后，却丝毫没有留下什么印象，当你再重复地给他看时，每一遍对于他来说都很吸引人，每一次都会被其中的情节感动得热泪盈眶。这就是近期记忆力消失，可是他却能记得几年前，甚至几十年前所发生的些事情，这种远期记忆存在却令人感到十分吃惊，难怪有人说大脑的确太神秘了。

人体的大脑从外形上看并没有十分特别的，脑组织从正中一分为二、形成左右两个大脑半球，每个大脑半球又像桃核一样有着许多的沟、回、裂，然而，正是这些沟、回、裂才是大脑真正的奥秘所在。从外形上来看，大脑的左右半球没有明显的差别，然而在功能上却有着严格的不同。在婴幼儿时期人体的左、右大脑半球尚未明显差别，但是进入成年则98%以上的人形成优势半球，即左半球为优势半球，右半球为次要半球，优势半球的作用偏重为语言、文字，次要半球作用主要是空间辨别力。于是人们对于两个半球有着更为具体的命名，左半球为逻辑思维半球，右半球是富有创造力的半球。

此外大脑还存在着各种中枢，如语言中枢、记忆中枢、感觉中枢、运动中枢等等。这些中枢不均匀地分布在大脑的表面，司管着人体不同的活动，从而构成了一个活灵活现的人。尽管人与动物的大脑有着相似之处，但最为不同的是动物的大脑没有优势半球的存在，对于它们来说用哪个手取食物都是一样的。

我们对于大脑的研究比对其他器官的研究多得多，但是，我们所知道的却比那些器官少得多。这就是人脑是一个极为复杂的器官，其中大量而功能不同的神经细胞纵横交错，形成了一个彼此相关联的网络系统，每一个神经细胞即可执行同一种指令，又可兼顾其他指令。从这一点上来说，计算机比起人的大脑要差得很远了。但是计算机可按我们的人脑行事，而人脑却又是如何工作的呢？我们目前还无法解答，这一切还有待于今后的研究能给我们一个明确的答案。

左右手的奥秘

在动物身上，虽然没有什么明确的手脚分工，但据观察，它们使用左前肢和右前肢的概率基本是相等的，无论是低等动物还是灵长类动物都无例外。但是作为万物之灵的人类，虽然有着灵巧的双手，左手与右手的使用概率却极不相同。大多数人都习惯使用右手，而习惯使用左手的人仅占6%～12%，为什么会有如此悬殊的比例呢?

对此，有人试图从左右脑的不同功能，即做与想的密切关系，以及心脏的位置等角度来解释大多数人为什么都习惯使用右手这个问题，但均没有获得圆满的答案。

瑞士科学家依尔文博士曾提出这样一个假说，他认为：在远古时代，人类祖先中习惯使用左手和习惯使用右手的人基本是均等的，只是因为不能认识周围的植物，误食了其中有毒的部分，才使习惯使用左手的人对植物毒素的耐受力减弱，最终因植物毒素对中枢神经系统产生严重影响，导致难以继续生存。而习惯使用右手的人，则以其顽强的耐受力最终在自然界中生存下来，并代代相传。

美国科学家彼得·欧文也通过实验证实了依尔文的假说。他曾挑选了88名实验对象，其中12名是左撇子，然后对这些实验对象使用神经镇静药物，再通过脑照相及脑电图观察。结果发现：左撇子者大脑的反应变化与右撇子者有极大的不同，几乎所有的左撇子都表现出极强烈的大脑反应，有的还出现了神经迟滞和学习功能紊乱的症状，有的甚至看上去更像是癫痫病的发作者。

根据上面的假说和实验，那么左撇子少就成了人类历史初期自然淘汰的结果，左撇子也就是人类中的弱者了。

然而事实上，我们生活中的左撇子大多都是一些聪颖智慧、才思敏捷的人，这与依尔文的结论有很大的出入。尤其是在一些需要想象力和空间距离感的职业中，左撇子更是优秀的人才。据调查，美国的一所建筑学院中，29%的教授都是左撇子，而且准备应考博士或硕士学位的优秀学生中，左撇子也占23%。不仅如此，世界上最佳网球手的前4名中，有3名都是左撇子；而乒乓球队、羽毛球队、击剑队中的左撇子选手，也是相当多的。

对于这2种矛盾的现象，现代解剖学做出了一种解释：人的大脑左右两半球各有分工。左半球主要负责推理、逻辑和语言；而右半球则注重几何形状的感觉，负责感情、想象力和空间距离等，具有直接对视觉信号进行判断的能力。因此，从“看东西”的大脑到进行动作，右撇子走的都是“大脑右半球—大脑左半球—右手”这样的神经反应路线；而左撇子走的却是“大脑右半球—左手”这样的路线。由此可见，左撇子者比右撇子者在动作敏捷性方面显然占有一定的优势。根据这种观点来看，左撇子反而又是生活中的强者了。

以上2种截然不同的观点究竟谁才是正确的呢？左右手真正的奥秘是什么？这可能还需要进一步探索、比较和分析，才能得到令人满意的答案。

从现象上看，惯用手是一种人的本能。在任何社会形态下，不管采取什么强行纠正的办法，对于左撇子来说，可能他们可以非常熟练地使用右手，但其偏爱用左手的本性却不能改变。很明显的一个例子，现实生活中，多少家长采取体罚、捆绑、戴手套等一切办法限制左撇子孩子继续使用左手，然而都只能在有限的几种用手活动上取得成功。一旦孩子可以自由行动时，又会出于本性地使用左手。

统计学调查显示，在双亲都是左撇子的家庭，子女是左撇子的几率是50%；而在双亲都是右撇子的家庭中，子女是左撇子的几率仅有2%。另一个证据是，左撇子的比例在某些家族中明显高于一般家族，这说明用手的偏爱与遗传直接相关。苏格兰人有一个家族，多少世纪以来都以其众多的左撇子而闻名。他们建立的城堡楼梯都是反时针旋转的，以适应家族中左撇子战士的守城需要。在这个家族中，左撇子成了大多数，而右撇子反而成了少数派。

有人曾用显性基因和隐性基因来解释左右撇子的成因。结果显示，右撇子的基因是显性的，而左撇子的基因是隐性的。只有在特殊的基因配对中，左撇子隐性基因的性状才得以显示，所以在总人口中，左撇子就成了少数。

也有研究报道，一个人习惯使用左手或右手，是由单一基因决定，现在医学界也正在努力找出这个基因。曾有人对100对左撇子夫妇及其父母、子女进行研究发现，从父、母或双亲遗传到这个基因的，天生就惯用右手；没有这个基因的，则可能惯用左手，也可能惯用右手。82%的人至少有一个这种基因，因而成为右撇子；而18%的人没有这个基因，其中一半成为惯用右手者，另一半或是惯用左手，或是两手都善用。这一研究也解释了同卵双胞胎的惯用手不同的原因。

还有人从头发的旋向研究可能控制左撇子性状的基因。美国癌症研究所的专家曾通过在人群密集的机场、超市等场所，对人的头发旋向进行观察研究。结果发现，95%的右撇子头发都是顺时针方向旋转的，而左撇子和左右手都很灵活的人，头发顺时针和逆时针旋转的各占50%。专家就此认为，人体内可能存在着这样一种基因，它有2种表现形式，一种带有头发右旋的特征信息，另一种则带有头发随机旋向的特征信息。正是这个基因的存在，才控制了人的用手偏向性与头发旋向。前一种表现形式属于显性，后一种表现形式则属于隐性。拥有一个或2个都是右旋信息基因的人，必定是右撇子，头发也呈顺时针旋转；带有2个随机旋向特征信息基因的人，才有可能不"一定"为右撇子，而是成为左撇子或右撇子的几率各占50%。

这一理论与单一基因决定的理论有些差别，但是它同样解释了一卵双胎左右撇子各半的现象。因为他们都带有2个随机旋向特征信息基因，按几率出现一半左撇子，一半右撇子。不过，这个基因究竟是什么，依然有待于科学家不断努力去揭开谜底。

奇妙的人体基因结构

美国科学家沃森和英国科学家克里克1955年辨认出人的基因存储在一个螺旋形的大分子中，为此获得了诺贝尔奖。

现代遗传学家认为，基因是DNA（脱氧核糖核酸）分子上具有遗传效应的特定核苷酸序列的总称，是具有遗传效应的DNA分子片段。基因位于染色体上，并在染色体上呈线性排列。基因不仅可以通过复制把遗传信息传递给下一代，还可以使遗传信息得到表达。不同人种之间头发、肤色、眼睛、鼻子等不同，是基因差异所致。

人体基因的排列顺序称为基因组，这个基因组就像一幅神秘的地图，揭开了这个基因的秘密就相当于揭开了人类生命的奥秘，也揭开了物种起源的秘密。

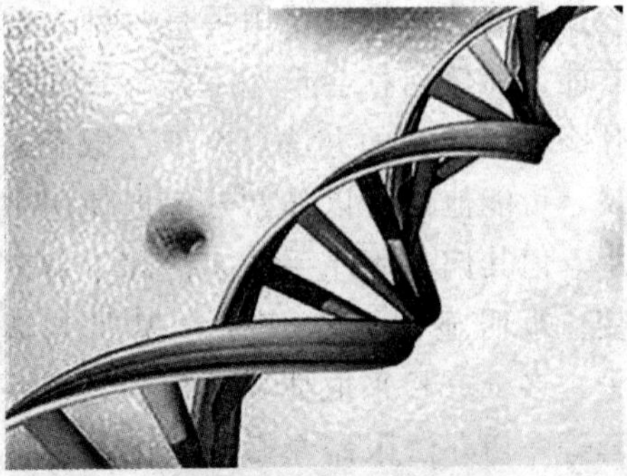

人体DNA双链结构

人类只有一个基因组，有5万～10万个基因。人类基因组计划是美国科学家于1985年率先提出的，旨在阐明人类基因组30亿个碱基对的序列，发现所有人类基因并搞清其在染色体上的位置，破译人类全部遗传信息，使人类第一次在分子水平上全面地认识自我。计划于1990年正式启动，这一价值30亿美元的计划的目标是，为30亿个碱基对构成的人类基因组精确测序，从而最终弄清楚每种基因制造的蛋白质及其作用。打个比方，这一过程就好像以步行的方式画出从北京到上海的路线图，并标明沿途的每一座山峰与山谷。虽然很慢，但非常精确。基因是具有独特的双螺旋结构的长链，这条长链是由4种脱氧核苷酸分子连接而成的控制生物遗传性状的最基本单位，生物所有的遗传信息和遗传性状都隐藏在其中。

现代遗传学认为，基因是遗传的基础，它决定了人体的各种性状。例如亚洲人有黑眼珠，而欧洲人则为蓝眼珠，此外人的身高、相貌等大都由基因决定。

不仅如此，人类所患的疾病有许多是基因病，基因与疾病有密不可分的联系。

基因病又叫做遗传病，也可说是由于遗传物质的变化而产生的疾病。然而根据人们以往的理解，遗传病是与生俱有的，也就是说这种疾病是从父母那里遗传而来的。随着现代分子生物学的发展，人类对遗传病有了更加深入的了解。目前认为遗传病既有从父母那里遗传而来的可能性，也有不从父母那里遗传而来的可能性。例如尿黑酸症等病，它们既属于基因病也属于遗传病，可从父母那里遗传而来的；然而人人都怕的癌症就是基因病，它不是从父母那里遗传而来的，而是由于在出生后的成长过程中病毒感染或其他原因引起基因改变而产生的。

在人类基因组计划完成的基础上，随着人类对自身基因了解的不断深入，科学家可以根据每个人独特的基因图谱判断人的健康情况，并且预测他患某种潜在疾病的可能性。通过这种判断和预测，人们可以进行有效地预防；或是采用基因技术，向人体导入功能基因，修补、改变相应的缺陷基因，达到治疗的目的；或是根据由基因图谱提供的遗传信息，最终解决长期以来一直困扰着人类的一些遗传性疾病，如糖尿病、肥胖症、精神病等。也许在不远的将来，活到150岁将不仅仅是人们的梦想。除此之外，根据癌症、心脏病等疾病的病因，科学家可以在人类基因组计划的帮助下，有针对性地研制和开发价廉物美的基因工程药物。

但这些极具潜力的发明都得有待于对人体基因结构的深入研究，当这一切都不再是秘密时，这个梦想才有可能实现。

人体潜力之谜

人体的潜力是指人体内暂时处于潜在状态还没有发挥出来的力量。科学家发现，人体的潜力相当惊人，有待于人们研究、挖掘。

人在危急关头，往往能充分发挥体内的潜在能力。一位飞行员因飞机故障迫降了，正当他在地面察看飞机起落架时，突然有头白熊抓住了他的肩头。飞行员在情急之中，竟然一下子跳上了离地 2 米高的机翼。令人不可思议的是，他是穿着笨拙的皮鞋、沉重的大衣和肥大的裤子跳上去的。一位 50 多岁的妇女在烈火蔓延之际，抱起一个超过她体重的、装有贵重物品的柜子，一口气从 10 楼搬到了楼外的地上。等到大火被扑灭后，她却怎么使劲也搬不动那个柜子了。

医学家早已发现，人体有着惊人的潜力。美国波士顿有一位 80 岁的老翁，一次在马路上不幸被卡车撞死。医生在做尸检时发觉老人体内的许多脏器早已发生严重病变：血管明显硬化；心脏扩大，几乎超过正常人的一倍；肺部有结核病变；两侧慢性肾炎；肝脏血管阻塞，已产生侧支循环。其中，每一种病变几乎都可以置他于死地。然而，死者生前一直生活得很好，并走亲访友，四处活动。这一奇迹是怎么出现的呢？医学家认为，人体许多器官都有很大的潜力，万一器官的一部分损坏了，另外的部分就会取而代之，继续维持正常的功能。

正常人在安静情况下，心脏每分钟输出的血量为 5000 毫升左右。某些疾病可使之减少到每分钟输出 1500 毫升，却仍能维持生命。剧烈运动时，心跳快而有力，每分钟可输出血液 20000 毫升以上。一个训练有素的运动员，心脏每分钟的输血量可高达 35000 毫升，是平静状态下正常人的 7 倍。由此可见，心脏的潜力是多么大！

1926 年，前苏联成立了专门研究列宁大脑的研究所。此后，基洛夫、加里宁、马雅可夫斯基、巴甫洛夫、爱因斯坦和斯大林等杰出人物的大脑，都先后送到这个大脑研究所进行过研究。

脑科学告诉我们，人的脑大约有 1000 亿个神经细胞，其中组成大脑皮质的细胞就有 140 亿个。据研究，一秒钟内，大脑会发生 10 万种不同的化学反应。在这些星罗棋布的神经细胞中，每一个都与其他一万多个细胞保持着联系。难怪大脑仅占人体重量的 2%，却要消耗人体 1/4 的氧气和 1/5 的营养物质，成为人体的“大食客”了。

在智力方面，人的大脑大约共有 140 亿个神经细胞，而经常活动和运用的不过 10 多亿个，还有 80%～90%的神经细胞在“睡大觉”，尚未很好地发挥作用。有些脑科学家认为，人的大脑细胞被开发的只占 10%，即便人高度紧张和兴奋时，也有大约 50%的脑细胞处于休眠状态。

前苏联学者叶夫莫雷夫指出："人的潜力之大，令人震惊万分。如果人们迫使大脑开足一半马力，那么我们就能毫不费力地学会40种语言，把《苏联大百科全书》从头到尾背下来，完成几十个大学的课程。"如此看来，发掘大脑潜能研究的前景将是何等迷人。

肾脏是制造尿液的器官。它的制尿部位是由许多肾单位组成的。一个肾脏大约有100多万个肾单位。通常，每个人都有两个肾脏，左右各一。据统计，每550人中就有一个单肾人，他们大多能正常生活。有些医学家认为，只要有30%～40%的肾单位在正常工作，人就可以高枕无忧了。前苏联有个叫巴巴扬的男子，在卫国战争时腰部中弹负过伤，不久伤口就痊愈了。几十年来，他除了有时觉得腰部有点疼痛外，一直很健康。一次，他突然腰痛发作，被送进了医院。医生在他的右侧肾脏里发现了那颗子弹。子弹取出后，巴巴扬又像正常人那样生活着。这位男子带着肾脏里的子弹生活了40年，实在让人吃惊。

消化道的潜力也很惊人。在消化道中，以小肠最长。它卷缠盘绕，长5～8米。小肠内壁有皱折，还有如天鹅绒似的绒毛，这能使肠表面积增加600倍，使消化和吸收能力大为提高。据报道，一位奥地利海员因病切除了肠道的15/17，剩下的肠道，仍能挑起消化和吸收的重担。

人的毛细血管，占全身血管总长度的90%，它的血容量比动脉里的血要高600～800倍。但是，在一般状态下，只有1/5到1/4的毛细血管开放，其余全部闭合，处于没有发挥作用的状态。人体肺脏中的肺泡，经常使用的也只是其中一小部分。不论是血液循环系统，还是呼吸系统，潜力都是很大的。通过锻炼身体可以发挥潜力，提高肺活量和增大血管容积。

人在遇到紧急情况时会发挥平时所没有的力量，如为了救人，一个弱女子猛地举起了重物；一个老婆婆在夜间碰上恶狼，结果将狼打死。这都是人体潜力在紧急关头发挥出来的结果。原来，人体的肌肉和肝脏里在平时贮存着大量的"三磷酸腺苷"，简称ATP。这种ATP就是能量的来源。在正常情况下，人体只需要一部分ATP提供能量就可以了。一旦遇到紧急情况，大脑就会发出命令，让全身所有的ATP立即释放出来。命令下达后，身体能量剧增，就能做出平时想象不到的事情来。

科学家估计，目前世界上大约有5%以上的疾病不需要治疗就能自愈，这也被认为是人体潜力的作用。这种潜力包括人体免疫系统的防御作用和自身稳定作用等。能不能让更多的疾病不经治疗而自愈呢？这是现代医学探讨解决的问题。比如癌症，现在被认为是“不治之症”，可是也有靠人体潜力使癌细胞消退的例子。人体使癌细胞消退的潜力在哪里？这还是一个谜。人体的潜力对适应环境、战胜困难、恢复健康来说，是极为重要的。身心的锻炼，是增强人体潜力的重要方法。比如，经常参加体育锻炼的人，心肺的潜力要比长期静止不动的人大得多。经常用脑的人，记忆力和判断力会大为提高。

信心和意志是开发潜力的有力武器。有些病入膏肓的人没有被疾病吓倒，而是用乐观精神面对现实，表现出顽强的求生意志。这时，他体内的各种抗病潜力被动员起来，结果创造了医学史上的奇迹。

德国有个叫纽曼的男子，在做胸部X线检查时，医生预测他将不久于人世，但纽曼并不介意，依然乐呵呵的到世界各地去观光旅游。20年以后，他仍然活着，还成了国外一家报社的特约通讯员。

人们虽然认识了潜力并且感受到了它的巨大威力，但是潜力从何处而来，它又是如何发挥作用的，到目前仍然是一个未解之谜。如果有一天人类的潜力之谜解开，相信人的能力会更强。

人的寿命有多长

人类的平均寿命也只是由2000多年前的45岁提高到了74岁。科学家指出，人类的自然寿命应该是100～150岁。

人类为什么会衰老？能否抑制衰老？

许多科学家认为，人类由于受到各种射线的照射、服用化学药剂，以及食物中含铁量过多等因素，体内会积累有害的自由基。这种自由基是导致人体衰老的罪魁祸首。有些科学家认为，细胞老化是由于细胞中产生了一些导致老化的物质。美国洛克菲勒大学的细胞生物学家尤金尼亚从人体结缔组织细胞中，分离出一种特殊的蛋白质，这种蛋白质只是在老化的、停止分裂的细胞中才有，而年轻的细胞中是不存在的。她认为，这种蛋白质就是细胞老化的产物。也许正是这些老化的物质最终杀死了细胞。如能找到清除老化物质的方法，人类就能大大推迟衰老的进程。

有的科学家认为线粒体遗传基因变异的积累是人体衰老的原因之一。日本名古屋大学教授小泽高将与澳大利亚蒙纳修大学教授安索尼利内因等人合作研究查明，存在于细胞内部为细胞提供能量的线粒体，其遗传基因很容易发生突变，变异的积累很可能是人体老化的原因之一。研究小组在研究酵母时发现，细胞核内遗传基因的突然变异率为每1000万～1亿个细胞当中有一个。而线粒体遗传基因的突然变异率竟高达每10～1000个细胞就有一个。研究小组还发现，原因不明的肥大型心肌病、肌肉萎缩症，有些很可能是由于线粒体遗传基因的突然变异所导致。

有些科学家认为人体老化的关键步骤发生在大脑之中，前苏联科学院动物进化形态和生态研究所通过用小白鼠进行试验，证实了大脑对身体的生理过程产生直接影响的理论。此外，在实验中还发现，移植的神经细胞得到恢复，即可加速细胞的生长。以上实验说明，免疫系统的功能是直接依靠于大脑的。据推测，人有可能学会有目的地支配自己的健康甚至加强意志。为此，该研究所指出：如果从遗传角度说人可活到大约200岁的话，只要对人脑做一次不太复杂的手术，这个年龄极限还可以往后最少推迟100年，即可活到300岁。

有的科学家认为细胞分裂有一定的极限，达到这个极限即会衰老死亡，美国科学家研究发现，人体细胞从胚胎开始分裂，连续分裂50代便全部衰老死亡，人的生命也就此了结，而癌细胞分裂了上千次，仍然生机勃勃。这是因为正常细胞与细胞之间连接紧密，基本上不与外界进行信息交换，而癌细胞则不受什么约束，它能与病毒或其他物质之间发生遗传结果交换，从而使癌细胞生生不息。

有位科学家将哺乳动物的神经细胞核移植到去掉核的金鱼卵中，发现神经细胞核经过100次分裂也没有衰老的征兆。这如果在人身上得以实现，推迟衰老便可成为现实。

有的科学家发现，决定生物寿命的是一种蛋白质。最近，日本东京医科牙科大学的米村勇和信川大学医学部附属心血管病研究机构的罔野照组成的研究小组，从果蝇体内发现了决定生物寿命的蛋白质。该小组培育出了长命系（寿命52天）和短命系（最长寿命35天）两个系列的纯系果蝇，找出它们的差别。结果发现，有一种长寿蛋白质在长命系的果蝇中大量存在，而在短命系果蝇中极少。试验表明，如果将少量的蛋白质掺入果蝇的食料中让其进食，短命系的寿命能延长到41天，而长命系的寿命能延长至61天，而且，即使死亡前喂食这种蛋白质，也能达到延长寿命的效果。同时，该小组还研制出一种对抗长寿蛋白质的抗体，结果确认，老鼠和人的胎儿中，早期也有与抗体起反应的蛋白质。专家认为，这种蛋白质只在发生过程的细胞分化时与身体形成有关，从而决定生物的寿命。将来，如果能弄清这种蛋白质的机制，研究长生不老药的梦想有可能变成现实。有的科学家发现人体衰老的主要诱因是线粒体脱氧核糖核酸基因受损。美国南加利福尼亚大学洛杉矶分校和佐治亚州埃默里大学科学家的研究显示，人体大脑中的DNA，受损的程度随年龄的增长而增加。研究发现，年龄介于63～77岁者DNA受损伤的程度，比年龄为24岁者高出14倍；而年龄为80岁者的受损伤程度比年龄介于63～77岁者高出4倍。研究人员认为，虽然有关衰老问题还需做进一步研究，但DNA受损伤可能是人体衰老的重要诱因之一。

有的科学家认为，植入新基因，果蝇寿命大增，人类防衰老研究取得进展。衰老理论认为，一组被称为自由基的不稳定破坏性分子不断摧毁细胞，从而引起细胞逐渐消耗。最后，这些细胞的大量损耗造成细胞功能失常、器官系统衰退，癌症或心脏病等疾病相继出现，白内障引起双目失明，最终导致机体死亡。维生素C、维生素E和胡萝卜素有助于消灭自由基，因此相信这一理论的人常把它们当作饮食滋补品服用。

看来人类的寿命还大有潜力可挖，随着人类基因学工程的进一步推进，这一谜底也必将随之浮出水面。

人类为何会得癌症

癌症，如今这个词频繁地出现在人们的视线中，甚至可谓谈癌色变。它像个魔鬼一样，夺去了无数人的生命，因此现在已经成为威胁人类健康的最可怕的“杀手”之一。有资料显示，全世界每年因癌症死亡的多达几百万。近年来，儿童患癌率也显著增加，这一现象令医学家们大为震惊。癌症如此可怕，不禁让我们感到困惑：究竟是什么导致人类会得这种致命的绝症呢？

科学家对癌症进行了长期的研究和探索，现今已经了解和掌握了一定的规律，并取得了一些临床治疗上的进展。并且指出，即使人类患了癌症，也不再意味着就是走向死亡。但是，至今科学家们仍没有把致癌症的真正原因找到，每年仍有大量的人因患癌症而死亡。所以说，要想彻底攻克这个难关，并揭开它的秘密，还要有相当长的路程要走。

要了解和研究癌症，科学家们首先将注意力放在了寻找致癌物质上。他们首先以动物为试验对象，对患了肿瘤的动物进行研究。结果发现，诱发癌症的主要因素是一些化学物质和物理、环境等方面的因素。比如，许多日本人在广岛的原子弹大爆炸中因核辐射而患血癌；长期工作在铀矿的矿工，患肺癌的概率也大大高于普通人，而且死亡率也相当高。

然而，科学家们进一步研究发现，日常生活中也不乏患癌症的人，那么日常生活用品中肯定也含有一些致癌物质。到底哪些物质含有致癌物呢？经过研究发现，诱发癌症的因素还有煤油、润滑油、香烟中的尼古丁、发霉的爆米花和粮食中的黄曲霉素等等。

还有一些科学家提出，癌症还与遗传因素有关，致癌物可能通过基因突变而传给后代。根据一部分医学工作者研究的结果，有一种癌症属于“遗传性癌”，它是直接由遗传决定的。进一步的研究后医学家们又发现，那些属于非遗传型的癌症，竟也呈现出明显的遗传倾向。比如，胃癌患者的子女，得胃癌症的几率就比一般人高出4倍；母亲患乳腺癌，女儿患乳腺癌的几率也比一般人要高。很显然，遗传因素对癌症所起的作用是不容忽视的。

相关研究还表明，某些人对癌症具有易感性，这主要是由于其体内某些酶的活性较低，染色体数目异常或畸变所致。

总之，遗传上的缺陷很有可能促发癌症，但遗传因素是怎样促发癌症的，至今也不能解开这个谜团。

近年来一些医学专家还提出，绝大多数癌症与环境因素都有关。比如，土壤中镁含量低的地区，胃癌的发病率就相对较高一些；皮肤癌的发病率和饮用水受砷污染的程度密切相关；饮用水中的碘含量过低，甲状腺癌的发病率就会上升等。可见，环境因素对癌症的发生也起着不可忽视的影响。

通过上面的分析我们得知，诱发人类患癌的因素很多，但是这些致癌因素之间却没有什么共同点，到底是为什么呢？

科学家又经过一系列的临床研究实验，结果发现：同样的致癌因素，并不一定都能诱发癌症。也就是说，所有的致癌因素可能都不过是外在因素，还有可能存在着内在的因素。因此，科学家们又开始了对致癌的内在原因的探索。研究发现，组织是由正常组织细胞病变而来，具体来说就是，人的机体内都存在着克服致癌因素的抑癌因素。在这种抑癌因素的作用下，细胞才会健康发展。如果抑癌因素的作用减少或消失，正常细胞就会发生基因突变，人体代谢功能也会出现紊乱，细胞也因此而无限地分裂、增生。通常来说，正常细胞演变成癌细胞，再引发癌症，那是一个相当漫长的历程，大约需要10年的时间。

同时，科学家们又发现，人体基因内也存在着癌基因，这也是造成正常细胞癌变的关键。其实，人体内不仅存在基因，还有抗基因。而抗癌基因的发现，也使人类对癌症的研究有了突飞猛进的进步，是人类最终战胜癌症的前提。科学家们把培养的抗癌基因注入动物体内，并取得了初步成功。如果研究能再深入一步的话，有望在不远的将来可将这种方法应用于人类的癌症治疗上。将这种抗癌基因注入人体后，将可以有效地阻止癌细胞生长。

一些医学家在不断研究细胞癌变的过程中还发现，癌细胞的氧含量很低，而蛋白质含量却很高，且癌细胞的表层细胞越深入其裂变能力越差，直至坏死。因此，细胞缺氧可能也是诱发癌症的因素之一。当局部组织受到损坏，并进入窒息状态时，就会改变其生存方式，癌细胞也就由此生成了。

尽管关于癌症成因和发展的说法林林总总，莫衷一是，但这些都只是具体细节方面的分歧，大体来说，都有一定的合理成分在其中。但从根本上来讲，人们还没有把癌症的病因彻底弄清楚，目前还处于推测和假说阶段。面对癌症这个疯狂的病魔，医学家们在大多数情况下仍然是束手无策，无能为力。但“魔高一尺，道高一丈”，随着科学的进步，经验的累积，研究的深入，相信终有一天，人类会彻底弄清楚癌症的病因，彻底地降服这个恶魔。

心理学之谜

XIN LI XUE ZHI MI

神奇的第六感

每一个人的一生中恐怕都会有一次碰到突然萌生的奇怪感觉。在看什么东西的时候，会突然意识到：这事有一次曾经发生过，我曾经到过那里，做过这件事，听过这样的话，当时也是这样的灯光……在那一瞬间，大脑给我们发出一个信号，说是它认出了发生的事。这种现象便称之为记忆错觉，也称回忆幻想。人怎么会出现对未来的回忆呢？科学家称这类感觉叫"第六感"。那种似曾相识的感觉，你有过吗？

动物能够通过察觉环境中发生的微妙变化，来感知迫在眉睫的危险。而人类究竟有没有这种可以预知危险的"第六感"呢？多年来，科学家们对这个问题一直存在着不尽相同的观点。虽然一些学者对人类也同样具有"第六感"的这一说法并不认同，但是美国圣路易斯华盛顿大学的科学家日前经研究证实，人类大脑中确实存在着一个具有早期预警作用的特殊区域。

俄罗斯国立人文大学最高人文学研究所研究人员、哲学副博士列昂尼德·卡拉谢夫有他的一套独到见解。他说，有很多学者都认为记忆错觉是源于过度疲劳、大脑混乱，所以把未知当成已知，他却倾向这是一种"全息摄影错觉"。

众所周知，生理学上将人类的感官分成5种：视觉、听觉、嗅觉、味觉和触觉。从分子水平上看，这种划分甚无道理。我们对外界刺激的感觉，是通过被称为受体的蛋白质进行的。视觉比较独特，通过光受体感觉光线刺激，但听觉和触觉实际上是同一类，都是通过机械性受体感觉机械刺激。嗅觉和味觉也是同一类，它们具有化学受体，感受化学分子，只不过，嗅觉感受的是气体分子，而味觉感受的是液体分子。所以这5种感官，实际上是3种。

尽管科学界还没有给“视、听、嗅、味、触”这五大感觉之外的“第六感”命名，但相关的研究却并不少。科学家曾根据这个感觉的特征——直接影响人们感情、情绪，提议将其命名为“类嗅觉”或者“情觉”，而国外目前通常的称法为“费洛蒙感觉”。

第六感研究领域最主要的讯息来源是动物界。动物心理学家丹尼斯·巴登在《动物心理学》一书中，用很大的篇幅描绘了动物的“第六感”。书中提到，1940年希特勒对伦敦进行大规模轰炸，在德国飞机袭击前数小时，有一些猫就在家中来回走动，频频发出尖叫声，有些咬着主人的衣裙拼命往外拉，催促他们迅速逃离。动物发出的种种奇特信号，使得科学家开始破译动物神秘的第六感。英国生物化学家鲁珀特·谢尔德雷克20年来一直从事科学实验，他认为心灵感应和预感等现象可以从生物角度得到解释，它们是正常的动物行为，它经过了数百万年的演变，是为适应生存的需要而形成的。谢尔德表示，人类的第六感同样是从祖先那里继承的技巧。

在对动物界进行探索后，科学家指出动物界普遍存在着对外激素（信息素）的感觉。外激素是动物分泌的化学物质，用于影响同种动物的行为。通过研究，科学家认定感觉外激素的器官叫做犁鼻器，这是一个位于鼻中隔底部的软骨结构。

目前，人类外激素也已被科学界确认，只是，接受人体外激素的器官犁鼻器却已高度退化。只有在胎儿和新生儿中，还有明显的犁鼻器结构。犁鼻器，又被称作费洛蒙鼻嗅器。最先被发现有鼻嗅器的高等动物是蛇类。因为蛇的舌头尖端是分叉的，它常常伸出嘴外品尝空气的特别香气分子，一旦嗅闻到一些气味，它就会把缩回的舌尖放置在口内的鼻嗅器上，以便鼻嗅器感觉。

人类的鼻嗅器最先是由美国的解剖学者在解剖尸体时发现的，后经两位电子显微镜组织学家莫兰及杰夫克证明无误。

美国学者利用研究昆虫触角电析法的测量法，将电极放置在人类鼻嗅器上，再将讯号放大，结果发现，和其他昆虫、老鼠一样，可以测量出不同化合物所引起的直流电压变化。结果显示，男性的鼻嗅器对女性皮肤分泌的醇类物质特别敏感，而女性的鼻嗅器对男性皮肤分泌的酮类物质特别敏感。那么从鼻嗅器测量出来的反应，跟嗅觉有什么不同吗？为什么要叫它为第六感呢？因为鼻嗅器和鼻内的嗅觉上皮层位置不一样，而且后者有神经和大脑相连接，而前者尚未找到与大脑连接的神经。

与此同时，随着更多的科学研究，科学家发现在人类身上还存在着其他“第六感官”，这些也是通过对动物的比较研究得出的。鲨鱼在捕猎和水中游弋时能迅速地感知到电流信号。这种超强的能力曾被视为鲨鱼的第六感。美国佛罗里达大学的马丁·科恩及其实验室称发现了这一第六感官，并指出人类也具有此感官。该文曾发表在《进化与发展》杂志上。

马丁·科恩指出，鲨鱼头部有个能探测到电流的特殊细胞网状系统，被称为电感受器。鲨鱼就利用电感受器来捕食猎物。同样，鲨鱼还能借助地球磁场在浩瀚无边的海洋中辨别方向。马丁·科恩认为这就是鲨鱼具有第六感的表现。

为了对鲨鱼的第六感进行探究，美国研究人员对小斑点猫鲨的胚胎进行了研究。通过分子测试，他们在鲨鱼的电感受器中发现了神经嵴细胞的两种独立基因标志。神经嵴细胞是胚胎发育早期形成各种组织的胚胎细胞。研究结果显示，神经嵴细胞从鲨鱼的脑部转移至其头部的各个区域，并在其头部发育为电感受器，成为鲨鱼独特的“第六感”。

人类的神经嵴细胞对人面部骨骼和牙齿的形成起着重要的作用。研究成员之一、路易斯安那大学的生物学家詹姆斯·阿伯特表示人类也曾具有这样的电流感受能力。科学家认为所有的原始脊椎动物，包括人类早期祖先在内都具有电流感受能力。但随着它们的进化，哺乳动物、爬行动物、鸟类和其他一些海洋生物，如鲟鱼和七鳃鳗等还仍旧保留着这种“超能力”。

动物的第六感给科学家以参照，有学者进一步认定，人类的认知系统中也有着独特的“第六感”。

2005 年底时，美国有科学家撰文称，人类大脑可能具有“盲视”的功能。人类可以不通过感觉器官而直接感应到外界信息，近似于一种“第六感”。华盛顿大学的科学家指出，大脑额叶部区域可早于人类意识之前感知到危险，并且提供早期的警告帮助人类逃脱。研究人员在研究中发现，脑部的一块区域——又被称为前扣带皮质，可能会觉察出环境中细微的变化，并起到预警作用，提醒人们逃脱困境。

大脑能给人预警，是人类的潜意识问题，并不能简单地等同于第六感。“这是一个信息处理区域，根据信息在决定形成过程中的作用来区分处理的先后顺序。看起来，它能够把有关动机和效果的信息联系起来，从而带来认知的变化，改变人们对事物的看法。”圣路易斯华盛顿大学心理学研究员约书亚·布朗博士表示，当我们有可能犯错误时，甚至在必须做出困难决定之前，前扣带皮质实际上已经察觉到了这种“困境”，因此前扣带皮质在大脑对外界的认知与反映中便担当了一个早期的警告系统。当我们的行为可能导致负面结果时，前扣带皮质便预先警告我们，让我们更小心，避免犯错。

实验中，研究人员让健康的年轻人响应在计算机屏幕上出现的一系列信号。参加者必须根据屏幕上所出现的箭头的方向很快地按键盘上的按键。但为了试验出被测试者处理未知事件时脑部运动状况，研究人员有时会插入另一个较大的蓝色箭头，使得参加者必须转换思维，而按另一按键。扫描参加者的脑部活动显示，最后只要仅仅显示与较大箭头相关的蓝色，就足以发动前扣带皮质的活动。研究人员解释，这项研究表明脑部的这块区域提早了解到事物信息，尽管你未必能意识到它。

研究人员指出，我们所感知世界的信息就像一座冰山，但以意识的方式呈现出来的却仅为冰山一角。很多的信息只能是处于非意识状态，存储在我们大脑的某个部位。当在某些情况下，这些信息会“莫名”地呈现，但之前我们也是完成了一个对此信息的存储过程，只是一直处于“潜在状态”。因此，大脑早于我们意识进行一些脑部运动，也是属于大脑认知活动的正常范围。

有关第六感的讨论和研究，目前仍然在进行当中。希望有一天科学发展到一定水平能够帮助人们解开“第六感”的秘密。

人类意识产生之谜

现代医学认为，意识是从大脑中数以亿计的神经元的协作中涌现出来的。虽然科学家们已经对意识有了一定的了解，但是对意识是如何产生的仍然有着困惑。

要研究意识问题，首先就要知道哪些东西需要我们去解释。当然，我们大体上都知道什么是意识。但遗憾的是，仅仅如此是不够的。心理学家常向我们表明，有关心理活动的常识可能把我们引入歧途，显然，第一步就是要弄清楚多年来心理学家所认定的意识的本质特征。当然，他们的观点未必完全正确，但至少他们对此问题的某些想法将为我们提供一个出发点。

大约在 19 世纪后期，当心理学开始成为一门实验科学的时候，就有许多人对意识问题怀有极大的兴趣，尽管这个词的确切含义当时还不太清楚。那时研究意识的主要方法就是进行详细的、系统地内省，尤其是在德国。人们希望，在内省成为一项可靠的技术之前，通过对它的精心改进而使心理学变得更加科学。

美国心理学家威廉·詹姆斯较详尽地讨论了意识问题。在他1890年首次出版的巨著《心理学原理》一书中，描述了被他称为“思想”的5种特性。他写道，每一个思想都是个人意识的一部分。思想总是在变化之中，在感觉上是连续的，并且似乎可以处理与自身无关的问题。另外思想可以集中到某些物体而移开其他物体。换句话说，它涉及注意。关于注意，他写下了这样一段经常被人引用的话：“每个人都知道注意是什么，它以清晰和鲜明的方式，利用意向从若干个同时可能出现的物体或一系列思想中选取其中的一个……这意味着舍掉某些东西以便更有效地处理另外一些。”

在19世纪，我们还可以发现意识与记忆紧密联系的想法；詹姆斯曾引用法国人查尔斯·理查德1884年的一段话：“片刻的苦痛微不足道，对我而言，我宁愿忍受疼痛，哪怕它是剧烈的，只要它持续的时间很短，而且，在疼痛过去之后，永远不再出现并永远从记忆中消失。”并非脑的全部操作都是有意识的。许多心理学家相信，存在某些下意识或潜意识的过程。例如，19世纪德国物理学家和生理学家赫尔曼·冯·亥姆霍兹在谈到知觉时就经常使用“无意识推论”这种术语，他想借此说明，在逻辑结构上，知觉与通常推论所表达的含义类似，但基本上又是无意识的。

20世纪初期，前意识和无意识的概念变得非常流行，特别是在医学界。这主要是因为弗洛伊德、荣格及其合作者给医学赋予了某种性的情趣。按现代的标准看，弗洛伊德不能算作科学家，而应该被视为既有许多新思想，又有许多优秀著作的医生。正因为如此，他成为精神分析学派的奠基人。

早在100年前，3个基本的观点就已经盛行：

1. 并非大脑的全部操作都与意识有关。

2. 意识涉及某种形式的记忆，可能是极短时的记忆。

3. 意识与注意有密切的关系。

但不幸的是，在心理学研究中兴起了一场运动，它否定意识的应用价值，把它看成是一个纯心理学概念，这部分原因是由于涉及内省的实验不再是研究的主流。另一方面，人们希望通过研究行为，特别是动物的行为，使心理学研究更具科学性。因为，对实验者而言，行为实验具有确定的观察结果。这就是行为主义运动，它回避谈论精神事件。一切行为都必须用刺激和反应去解释。

约翰·沃森等人在第一次世界大战前发起的这场行为主义运动，在美国盛行一时，并且由于以斯金纳为代表的许多著名鼓吹者的影响，该运动在20世纪三四十年代达到顶峰。尽管在欧洲还存在以格式塔为代表的心理学派，但至少在美国，直至20世纪50年代后期和20世纪60年代认知心理学成为受科学界尊重的学科之前，心理学家从不谈论精神事件。在此之后，才有可能去研究视觉意象，并且在原来用于描述数字计算机行为的概念基础之上，提出各种精神过程的心理学模型。即便如此，意识还是很少被人提及，也很少有人去尝试区分脑内的有意识和无意识活动。

神经科学家在研究实验动物的大脑时也是如此，神经解剖学几乎都是研究死亡后的动物（包括人类），而神经生理学家大都只研究麻醉后丧失意识的动物，此时受试对象已不可能具有任何痛苦的感觉了。特别是20世纪50年代后期，戴维·休伯和托斯滕·威塞尔作出划时代的发现以后，情况更是如此。他们曾发现，麻醉后的猫大脑视皮层上的神经细胞，对入射到其眼内的光照模式呈现一系列有趣的反应特性。尽管脑电波显示，此时猫处于睡眠而非清醒的状态。

要研究清醒状态下动物脑神经反应的特性，是一件更加困难的事情（此时不仅需要约束头部运动，还要禁止眼动或详细记录眼动）。因此，很少有人做比较同一个大脑细胞在清醒和睡眠两种状态下，对同一视觉信号的反应特性的实验，传统的神经科学家回避意识问题，这不仅仅是因为实验上的困难，还因为他们认为这一问题太具哲学味道，很难通过实验加以观测。一个神经科学家要想专门去研究意识问题，很难获得资助。

生理学家们至今还不大关心意识问题，但在近几年，某些心理学家开始涉及这一问题。他们的共同点，就是忽视神经细胞或者说对它们缺少兴趣。相反，他们主要想用标准的心理学方法对理解意识作出贡献。他们把大脑视为一个不透明的“黑箱”，我们只知道它的各种输入（如感觉输入）所产生的输出（它产生的行为）。他们根据对精神的常识性了解和某些一般性概念建立模型。该模型使用工程和计算术语表达精神。

关于“意识”研究的结论，总结于下：

1. 关于什么是意识，每个人都有一个粗略的想法。因此，最好先不要给它下精确的定义。因为过早下定义是十分不理智的，在对这一问题有较深入地了解之前，任何正式的定义都有可能引起误解或过分的限制。

2. 详细争论什么是意识还为时过早，尽管这种探讨可能有助于理解意识的属性。当我们对某种事物的定义还含糊不清时，过多地考虑该事物的功能毕竟是令人奇怪的。众所周知，没有意识你就只能处理一些熟悉的日常情况，或者只能对新环境下非常有限的信息作出反应。

3. 某些种类的动物，特别是高等哺乳动物可能具有意识的某些（而不需要全部）重要特征。因此，用这些动物进行的适当的实验有助于揭示意识的内在机制。因此，语言系统（人类具有的那种类型）对意识来说不是本质的东西，也就是说，没有语言仍然可以具有意识的关键特征。当然，这并不是说语言对丰富意识没有重要作用。

4. 在现阶段，争论某些低等动物如章鱼、果蝇或线虫等是否具有意识是无益的。因为意识可能与神经系统的复杂程度有关。当我们不论在原理上和细节上都清楚地了解了人类的意识时，这才是我们考虑非常低等动物的意识问题的时候。

出于同样原因，我们也不会提出，我们自身的神经系统的某些部分是否具有它们特殊的、孤立的意识这样的问题。

5. 意识具有多种形式，比如与看、思考、情绪、疼痛等相联系的意识形式。自我意识，即与自身有关的意识，可能是意识的一种特殊情况。但姑且还是先将它放在一边为好。某些相当异常的状态，如催眠、白日梦、梦游等，由于它们没有能给实验带来好处的特殊特征，我们在此也不予考虑。如果这看来像是唬人的话，你不妨给我定义一下基因这个词，尽管我们对基因已经了解许多，但任何一个简单的定义很可能都是不充分的，可想而知，当我们对某一问题知之甚少时，去定义一个生物学术语是多么困难。

以上只是心理学家们对意识的探讨，但是究竟意识是什么以及它是如何产生的，到现在还没有定论。